新时代浙商管理经验丛书 ⋯⋯⋯⋯⋯⋯

U0593137

本书由杭州市哲学社会科学规划课题"杭州市数字内容产业高质量发展的靶向路径与政策供给"（编号：Z21YD001）及浙江省高等教育学会课题"'互联网+'时代产教深度融合的新商科人才培养模式研究"（编号：KT2020013）项目资助。

新时代浙商

文化科技融合经验

陈 颖 编著

经济管理出版社

ECONOMY & MANAGEMENT PUBLISHING HOUSE

图书在版编目（CIP）数据

新时代浙商文化科技融合经验／陈颖编著．—北京：经济管理出版社，2021.4
ISBN 978-7-5096-7952-4

Ⅰ．①新…　Ⅱ．①陈…　Ⅲ．①文化产业—产业发展—经验—浙江　Ⅳ．①G127.55

中国版本图书馆 CIP 数据核字（2021）第 081708 号

组稿编辑：张　艳
责任编辑：张莉琼　李光萌
责任印制：黄章平
责任校对：董杉珊

出版发行：经济管理出版社
　　　　　（北京市海淀区北蜂窝 8 号中雅大厦 A 座 11 层　100038）
网　　　址：www．E-mp．com．cn
电　　　话：（010）51915602
印　　　刷：北京晨旭印刷厂
经　　　销：新华书店
开　　　本：720mm×1000mm/16
印　　　张：11.5
字　　　数：205 千字
版　　　次：2021 年 6 月第 1 版　　2021 年 6 月第 1 次印刷
书　　　号：ISBN 978-7-5096-7952-4
定　　　价：78.00 元

总　序

　　浙商是中国当代四大商帮之首。千余年来浙商风云际会，人才辈出，在浙江乃至世界各地书写了波澜壮阔的商业历史。从唐朝资本主义萌芽，到明清时期民族工商业的脊梁，浙商用敢闯敢拼的进取精神和踏实肯干的务实作风，用一幕幕商业实践写就了中国民族资本主义发展的篇章。历史上，大量浙商曾在民族经济和民族企业发展过程中留下了浓墨重彩的一笔，如明初天下首富沈万三、清末红顶商人胡雪岩、五金大亨叶澄衷等。自改革开放以来，大批浙商纷纷登上时代的舞台，秉持"历经千辛万苦、说尽千言万语、走遍千山万水、想尽千方百计"的"四千"精神，在改革开放中取得了举世瞩目的伟大成就，一大批知名企业家如鲁冠球、马云、李书福、杨元庆、宗庆后等走在了中国改革开放的最前沿，成为改革开放的商业领袖，引领浙商企业在商业实践中砥砺前行，取得了空前伟业。

　　随着中国民营经济的蓬勃发展，浙商企业已成为中国民营企业发展的一面旗帜，威名响彻大江南北。"浙商"企业早已不是当初民营经济的"试水者"，而是助推中国经济腾飞的"弄潮儿"。"冰冻三尺，非一日之寒"，浙商企业的成功既有其历史偶然性，也有其历史必然性。浙商企业的蓬勃发展是中国改革开放的一个缩影，通过"千方百计提升品牌，千方百计保持市场，千方百计自主创新，千方百计改善管理"的新"四千"精神，浙商企业在激烈的市场竞争中占据重要地位，浙商企业的管理实践经验对中国本土企业的发展有着深刻的启迪和引领作用。这其中蕴含的丰富管理理论和实践经验需要深入挖掘。

　　特别是当前中国特色社会主义进入了新时代，这是我国历史发展新的方位。新时代下互联网经济和数字经济引领发展，以阿里巴巴为代表的移动支付等数字交易平台发展在全球领先，新经济催生了新的管理发展理念和管理模式，新时代催生浙商新使命、新征程、新作为和新高度。对新时代浙商企业管理经验进行全方位解读，并产出科研和教学成果，既是产学、产教融合的有效途径，也是浙商群体乃至其他商业群体发展的指路明灯。

2019年恰逢中华人民共和国成立70周年，浙江财经大学成立45周年，浙江财经大学工商管理学院成立20周年。浙江财经大学工商管理学院在全院师生的不懈努力下，在人才培养、科学研究和社会服务方面做出了理想的成绩。新时代工商管理学院也对商科教育不断开拓创新，坚持"理论源于实践，理论结合实践，理论指导实践"思想，重新认知和梳理新商科发展理念。值此举国欢庆之际，浙江财经大学工商管理学院聚全院之智，对新时代浙商管理经验进行总结编纂，围绕新时代浙商管理经验展开剖析，对新时代浙商企业的实践管理经验进行精耕细作的探讨。深入挖掘浙商企业成功的内在原因，进一步探讨新时代浙商企业面临的机遇和挑战。我们期望，这一工作将对传承浙商改革创新和拼搏进取的精神，引领企业发展以及助推中国浙江的经济高质量发展起到重要作用。

本丛书研究主题涵盖新时代浙商企业管理的各个方面，具体包括："新时代浙商企业技术和创新管理经验""新时代浙商文化科技融合经验""新时代浙商互联网+营销管理经验""新时代浙商跨国并购协同整合管理经验""新时代浙商绿色管理经验""新时代浙商社会责任管理经验""新时代浙商国际化经营管理经验""新时代浙商互联网+制造管理经验""新时代浙商知识管理经验""新时代浙商商业模式创新经验""新时代浙商战略管理经验""新时代浙商营销管理经验"等。本丛书通过对一个个典型浙商管理案例和经验进行深度剖析，力求从多个维度或不同视角全方位地阐述浙商企业在改革开放中取得的伟大成就，探讨全面深化改革和浙商管理创新等的内涵及其关系，进一步传承浙商的人文和商业精神，同时形成浙商管理经验的系统理论体系。

本丛书是我院学者多年来对浙商企业管理实践的学术研究成果的结晶。希望本丛书的出版为中国特色管理理论发展奠定坚实的现实基础，给广大浙商以激荡于心的豪情、磅礴于怀的信心、砥砺前行的勇气，在新时代去创造更多的商业奇迹，续写浙商传奇的辉煌。相信本丛书的出版在一定程度上会对新时代其他企业的发展提供必要的智力支持，从多个角度助推中国民营经济的发展。

浙江财经大学党委委员　组织部、统战部部长

董进才教授

PREFACE
前　言

　　当代中国已跨入文化科技融合发展的新时代，我们正通过自主技术创新来突破文化创新的科技瓶颈，正通过自主集成创新来推动文化与科技的无缝链接和高度融合，也正通过自主产品创新来创造文化品牌并强化文化产权。融合创新是文化产业上升到创意经济阶段的必然选择，而创意经济发展又是文化创意与科技创新融会贯通的持续过程，文化科技融合创新的发展模式已提升到了国家战略的高度，未来文化产业发展必须依靠文化科技融合，创新产业发展模式。

　　文化科技融合创新的动因主要有四个方面：①市场需求是文化科技融合的原动力与拉动力量。产业为之服务的终端消费者需求是产业发展的终极驱动力，因而普通消费者所产生的文化产品及服务的需求构成了文化科技融合的原动力和拉动力量。目前正在进行的第三次消费升级，从满足消费需求层次的角度来看，消费升级就是从生存型消费向发展型和享受型消费方向转变；从消费品能够提供的消费形态看，消费升级表现为实物消费向劳务消费转变。②企业经济利益的驱使是文化科技融合的主体与能动力量。古典经济学认为，企业是以利润最大化为目标的生产厂商；企业能力理论认为，企业在本质上是一个能力体系，积累、保持和运用能力开拓产品市场是企业长期竞争优势的决定性因素。从经济学的角度来看，文化科技融合的根本原因，一方面是企业竞争力提升的需要，另一方面，也是最直接的原因，即实现满意或者最大利润的目标需求。③集群的平台建设是文化科技融合的助推器与协同力量。与产业或产业集群整体发展密切相关的一些公共信息服务平台的建设以及公共服务功能的提供，是协同产业中相关企业、中介组织、智力机构、政府部门共同促进产业发展的重要推动力量，扮演着助推器的重要角色。产业平台、园区平台、会展平台、科研平台、金融平台等构成的平台群在文化产业发展过程中发挥着要素集聚、品牌推广、科技研发、投资融资等作用。④区域政策环境支持是文化科技融合的基础与支撑力量。政策环境的支持促进了产业要素的流动与整合，使产业或行业之间的渗透、交叉、融合成为可能，从而促进了产业融合的发展。区域的支持主要依靠政府主导、科学规划，通过有效的政策措施来推动执行。

随着信息技术与互动媒体的发展，科技创新使文化生产有了质的飞跃；新复制、分销技术的进步以及数字化内容促进了市场的扩大与产品种类的丰富，促进了文化产业的蓬勃发展。产业环境中的文化资源如果能与科技创新导向耦合发展，将创新要素与科技项目融合、共性资源和工具库数据库平台融合，必将提高文化产业的综合竞争力，走融合发展之路已成为一种不可阻挡的发展趋势。

文化产业已然成为浙江省国民经济重要支柱性产业。在 2019 年全国省级文化产业发展综合指数的排名中，浙江省再次位居全国第二，与第一名的北京仅有细微差距。在 2019 年深圳文博会上发布的"全国文化企业 30 强"名单中，浙江省有浙报传媒、浙江出版联合集团、宋城演艺、华策影视等四家企业入选，入选数量排名全国第二，仅次于北京。在美国纽约揭晓的 2019 年度"世界媒体 500 强"排行榜中，浙江日报报业集团连续七年入选，位列第 245 名，整体实力位居国内报业品牌第一。值得一提的是，浙江日报报业集团下属上市公司——浙报数字文化集团股份有限公司作为互联网新媒体行业品牌首次入选，位列第 340 名。此外，在 A 股上市的浙江文化企业已上升至 41 家，包括浙数文化、华数传媒、宋城演艺、横店影视、华策影视、思美传媒、华谊兄弟、海伦钢琴等。越来越多的龙头企业不断走向集约化、规模化和国际化，大大地推动了全省文化产业竞争力的提升。2019 年浙江省起草了《浙江省关于促进文化和科技深度融合的实施意见》，全力推动文化与科技融合的纵深发展。

基于此，我们编写了《新时代浙商文化科技融合经验》一书，收集了新闻信息服务、内容创作生产、创意设计服务等文化产业中 14 个具有代表性的新时代浙商文化科技融合案例，并系统总结了浙江文化企业融合经验和启示。更值得一提的是，新冠肺炎疫情使大部分线下文化活动按下了"暂停键"，以数字内容为核心的网络视听、在线教育、手游、云旅游等"云端"文化消费逆势上升。数字经济和文化产业，这两个随着科技发展和产业转型日益靠近的领域，正迸发出新的活力。

　　本书的成型和出版得益于浙江财经大学工商管理学院浙商专项研究项目的大力支持，学院领导董进才教授、王建明教授、滕清秀老师等在专著写作和资料收集等方面给予了鼎力支持。本书也是集体智慧的结晶，参与前期资料收集、整理和撰写的浙江财经大学学生有胡言佳、周渊圆、蔡竞瑶、于子衿、金昱如、林嘉慧、郑哲豪、喻钦锋、陈逸超、周裕霞、徐蕾、季彦彤、仲晨、金伊莲、王若男、朱宇婷、张丝雨、王嘉瑜、叶瀚元。研究生涂琳、李祎雯参与了本书初稿的校对工作。在此一并向他们表示感谢。尽管笔者在撰写过程中力求尽善尽美，尽可能将新时代浙商文化科技融合的经验予以呈现，但因水平有限，错误和不足之处仍在所难免，恳请读者不吝指教（邮箱：yc@ zufe. edu. cn）。

陈　颖

2020 年 12 月于杭州

DIRECTORY
目　录

高质量发展文化产业　高水平建设文化浙江

一、2019 年浙江省文化产业发展概况

文化产业发展势头强劲，综合竞争力持续提高

浙江省文化产业增加值占 GDP 的比重，自 2013 年突破 5% 以来，保持着持续稳步增长的态势，2018 年文化产业增加值突破了 4000 亿元，占 GDP 的比重高达 7.5%，远高于全国水平 3.2 个百分点。文化产业已然成为浙江省国民经济重要支柱性产业。根据 2019 年前三季度的统计结果，浙江省 5699 家规模以上文化及相关特色产业企业实现营业收入 8095 亿元，同比增长了 14.1%。其中，文化产业核心领域和相关领域企业营业收入，同比增长速度均超过了 17%。文化产业整体发展势头稳中见好。

在 2019 年全国省级文化产业发展综合指数的排名中，浙江省再次位居全国第二（分值为 82.48），与第一名的北京（分值为 82.67）仅有细微差距。

龙头企业引领效应持续彰显，推动文化企业做大做强

在 2019 年深圳文博会上发布的"全国文化企业 30 强"名单中，浙江省有浙报传媒、浙江出版联合集团、宋城演艺、华策影视等四家企业入选，入选数量排名全国第二，仅次于北京。

在美国纽约揭晓的 2019 年度"世界媒体 500 强"排行榜中，浙江日报业集团连续七年入选，位列第 245 名，整体实力位居国内报业品牌第一。值得一提的是，浙报集团下属上市公司——浙报数字文化集团股份有限公司作为互联网新媒体行业品牌首次入选，位列第 340 名。

此外，在 A 股上市的浙江文化企业已上升至 41 家，包括浙数文化、华数传媒、宋城演艺、横店影视、华策影视、思美传媒、华谊兄弟、海伦钢琴等。

越来越多的龙头企业不断走向集约化、规模化和国际化，大大地推动了全省文化产业竞争力的提升。

数字文化产业版图不断延展，高能级平台提升浙江影响力

从网络文学、网络阅读、网络游戏、网络动漫、网络音乐、网络视频到电竞产业，浙江省数字文化产业版图不断延展，越来越多高端化、多元化、规模化、特色化的高能级平台的打造，推动着数字文化产业蓬勃发展。比如，咪咕阅读，引领着数字阅读的潮流，在主流阅读 APP 市场中下载排名达到第二；网易走在网络游戏行业的前列，成为中国第二大游戏公司；电竞数娱小镇、e 游小镇等多个平台，强力助推着电竞行业的快速发展。

更值得一提的是，国家级音乐产业基地、国家级短视频基地两大"国字号"新地标相继落户浙江。浙江国家音乐基地，以网易云音乐为核心，融合"音乐+科技"的力量，将打造成为全国唯一的线上线下结合、以版权为核心的高科技音乐产业基地。国家短视频基地，由浙江省政府与中央广播电视总台合力共建，将围绕 2022 年杭州亚运会赛事直播、世界互联网大会、中国国际动漫节等重大活动的宣传报道等领域开展全方位深度合作，共同打造面向国际、亚洲领先、国内一流的主流视听新媒体高地。中国网络作家村，已成为浙江省一张具有全国影响力的"金名片"。目前，浙江网络文学已占据了中国网络文学的半壁江山，由此形成的"浙江模式"，为全国同行提供着方向与经验。

着眼打造"全国影视产业副中心"，影视文化产业走在全国前列

浙江是全国影视制作生产、宣推发行、传播交流的重要基地之一。不管是影视企业数量、规模，还是浙产电影、电视剧产量、质量和影响力，浙江均在全国处于领先地位。浙江每年生产电影 60 多部，约占全国的 1/12；电视剧 3000 多集，约占全国的 1/4；动画片 2.5 万分钟，约占全国的 22%；拥有影视制作机构 3000 多家，约占全国的 1/4；影视文化上市公司有 26 家，居全国首位。

为进一步加快影视产业的发展，相关主管部门出台了一系列政策，起草制定《关于推进浙江省影视产业高质量发展的若干意见》，重点打造横店影视文化产业集聚区、中国（浙江）影视产业国际合作区、象山影视城等平台，加强对浙江影视发展的行业指导和政策扶持，并做好相关服务工作。

文旅融合发展渐入佳境，四条诗路串珠成链促进全域发展

从山水旖旎的浙西到淳朴自然的浙南，从人文殊胜的浙北到活力四射的浙东，作为国家全域旅游示范省，诗画浙江文旅融合开局之年成绩斐然，文化和旅游两大万亿产业逐渐形成了相互促进、优势互补的发展态势，稳步迈向深度融合、高质量发展的新阶段。

2019 年 10 月，浙江省人民政府印发实施《浙江省诗路文化带发展规划》，在全国率先提出打造诗路文化带、推进文旅全域融合发展的创新工程。以浙东唐诗之路、大运河诗路、钱塘江诗路、瓯江山水诗路这"四条诗路"，串联起浙江的文化精华、诗画山水，构建省域文化旅游大景区。为推进浙江诗路从文化概念向文化品牌转变，2019 年举行了一系列诗路文化产业发展主题活动：发布了首批十个诗路文化旅游目的地，五条诗路黄金旅游线等，举办了数字诗路 e 站签约、诗路 IP 文创产品大赛等活动，以及各类主题研讨会和论坛。

随着文旅融合发展的推进，太湖龙之梦乐园、宁波方特东方神画、宋城演艺、良渚古城等一批大型文旅融合综合体项目不断涌现，"文旅+休闲""文旅+体育"等融合模式创新发展，积极探索着浙江文旅融合的新路径。与此同时，农村文化礼堂、精品民宿、田园综合体等一系列地标性项目的建设，兴起了一批美丽乡村网红打卡地，"农文旅"融合发展蹚出了乡村振兴的新路径。借力文旅融合，诗画浙江正成为"诗与远方"的代名词，成为人们追求现代品质生活的心之所向。

文化产业平台建设持续推进，形成立体式、网络化的布局体系

浙江省委省政府重点谋划的之江文化带，成为引领全省数字文化产业发展的主要引擎。近期将通过实施 32 个重大项目，来推进数字文化产业基地、影视产业基地、艺术创作产业基地和动漫游戏产业基地等四大产业基地的建设。

西溪创意产业园、运河天地文创园、宁波国家广告产业园、绍兴金德隆文创园等一大批文创园区的建设，为孵化培育文化产业新业态，实现文化产业集聚化、规模化发展提供了重要的平台。

湖州湖笔小镇、丽水青瓷小镇、绍兴越剧小镇、台州和合小镇等一系列各具文化内涵的特色小镇，推动"产、城、人、文"创新融合，为推进新型

城镇化和乡村振兴提供了有力的抓手。

浙江全省各地文化创意街区的打造,如杭州桥西历史文化街区、湖州小西街文创街区、绍兴兰亭文创街区、泰顺石文化创意街区等,促进了传统文化与现代产业的有机融合,使人民群众得以共创共享文化产业发展的丰硕成果。

文化科技融合激活创新动力,赋能产业高质量发展

科技创新对推进文化产业高质量发展的驱动力逐步显现,在征求各地各部门意见基础上,浙江省起草了《浙江省关于促进文化和科技深度融合的实施意见》,并就相关重点任务,提出了责任分工方案,全力推动文化与科技融合的纵深发展。

目前,浙江省已有杭州、宁波、横店、浙报传媒、咪咕数媒、大丰实业六个国家级文化与科技融合示范基地相继获批,文化科技融合发展的平台不断提升扩大。作为单体类文化与科技融合示范基地的浙江大丰实业,被认定为国家制造业单项冠军示范企业,为文化科技融合赋能制造业发展创新了路径。

文化产业投融资体系基本成型,文化金融合作迈上新台阶

自 2013 年浙江省设立国内首家文创金融专营机构——杭州银行文创支行以来,全省已成立了 16 家文创银行。2019 年 12 月 10 日,宁波作为仅有的两个城市之一,又获批创建国家文化与金融合作示范区。在文化金融合作平台建设不断强化的同时,浙江省文化产业投资也十分活跃,各类基金纷纷设立。浙江省文化产业投资集团与三家银行战略合作,获得 920 亿元授信。"长三角数字文化产业基金"项目完成签约,总规模达 100 亿元。浙江省文化产业投资基金正式成立,首期规模为 20 亿元。横店影视文化产业股权投资基金正式组建,基金募集总规模为 10 亿元。浙江省已迈出了"文化+金融"的融合与创新之路,探索着金融赋能文化产业的"浙江模式"。

文化产业"走出去"规模扩大,文化服务国际竞争力显著提升

据统计,浙江省 2018 年文化服务进出口额达 16.64 亿元,同比增长了 10%。其中,出口 1.43 亿元,同比增长 24.4%,进口 15.21 亿元,同比增长 8.8%。文化服务贸易规模进一步扩大,文化服务出口呈现高速增长。

2019 年，中国（浙江）影视产业国际合作区正式启用，以中国电视剧（网络剧）出口联盟为平台，众多国内龙头影视企业不断加入，形成了影视产业内外联动、开放共享的局面，以浙江影视为引领，推动着中国影视作品以更开放的姿态走向世界舞台。影视产品的海外输出渠道不断地拓宽。目前，华策影视海外发行已覆盖 180 多个国家和地区。

文化产业海外本土化战略也在不断推进。浙江出版联合集团在俄罗斯、澳大利亚、美国等多个国家建立了十多家博库书城连锁店，与日本、法国、俄罗斯、英国、美国多个国家形成合作，建立了海外分社和主题书店，对加强中国文化海外影响力做出了突出贡献。

组织开展各类文化展示活动，助力搭建文化产品交易平台

2019 年，浙江省组织参加了第十五届深圳文博会，与上海、江苏、安徽共同发起举办了第二届长三角国际文博会。在这两场文博会上，浙江展团成果丰硕，现场签约投资额分别达到 35 亿元、95.7 亿元。

浙江省内五大重点文化会展，中国（杭州）国际动漫节、中国（义乌）文化产品交易会、杭州文化创意产业博览会、中国（宁波）特色文化产业博览会和温州国际时尚文化产业博览会，各会展的规模不断扩大，各项指标不断创新高，有力地推动了浙江文化产业的对外展示与交流合作。

文化产业保障体系逐步健全，为全国文化改革贡献浙江经验

浙江省政府印发了《浙江省文化产业发展专项资金管理办法》。2019～2021 年，每年安排补助专项资金 1000 万元，支持 20 个省级文化产业重点扶持县（市、区）加快发展。

全省各县（市、区）相继印发《关于进一步加快文化产业发展的若干政策意见》，设立文化产业发展专项资金，用于重点文化项目建设、产业园区和基地建设，扶持重点文化企业的发展。全省各地都在为营造优越的文化产业发展政策环境而发力。

国有文化企业改革创新，勇当转型升级"排头兵"

为贯彻落实"坚持把社会效益放在首位、实现社会效益与经济效益相统一"的要求，浙江国有文化企业加快公司制、股份制改造，法人治理结构、现代企业制度不断完善，力争成为业内守正创新的示范者、改革发展的领头

羊。浙报集团推出以短视频为呈现方式的天目新闻客户端，推动媒体融合纵深发展；浙江广电集团推出以短视频为主打的"蓝媒视频"新媒体产品，全力打造优质视频内容聚合平台。浙版传媒上市获得中国共产党中央委员会宣传部（简称中宣部）批复同意。浙江省文化产业投资集团有限公司挂牌成立，成为浙江省文化产业发展的重要投资主体和投融资平台。新远集团和古建研究院转隶。浙江歌舞剧团、浙江曲杂团和浙江话剧团三家省属文艺院团，经整合组建成立了浙江省演艺集团。

加强文化产业组织建设，为助推文化产业发展构建多元化服务平台

文化产业组织在指导产业发展、加强管理服务、促进交流合作、强化行业自律等方面发挥着重要作用。2019年5月，浙江省文化产业创新发展研究院揭牌成立，并被授予"浙江省重点培育智库"，为全面提升我省文化产业的内容竞争力和科技竞争力提供智力支撑。浙江省音乐产业联盟和浙江省影视景库发展联盟两个专业性行业组织正式成立，为助推全省音乐、影视产业实现高质量发展，搭建了服务平台。

浙江省文化产业促进会则充分发挥了联络服务的作用，组织开展了文化产业交流会、专家咨询会、文化产业管理研修班、文化企业培训班等一系列活动。

二、2020年浙江省文化产业发展的机遇与举措

展望2020年，浙江省文化产业发展天时、地利、人和三者兼具，将迎来高质量发展的绝佳机遇期。

天时、地利、人和兼具，浙江省文化产业迎来高质量发展机遇期

天时。天时就是党中央和省委省政府的大力支持，为文化产业的发展带来了前所未有的战略机遇。

在中央层面，党的十九届四中全会明确提出，要健全现代文化产业体系和市场体系，完善以高质量发展为导向的文化经济政策。健全引导新兴文化业态健康发展机制，完善文化和旅游融合发展体制机制。

2019年12月举行的中央经济工作会议指出，要推动生产性服务业向专业化和价值链高端延伸，推动生活性服务业向高品质和多样化升级；推动旅游

业高质量发展，推进体育健身产业市场化发展。

浙江省委经济工作会议强调，要做好 2020 年经济工作，要稳字当头、稳中求进，紧紧围绕新发展理念推动高质量发展。浙江省委省政府也将继续推进"四大建设"，贯彻长三角一体化发展、大运河国家文化公园建设、全域旅游发展、乡村产业振兴等一系列重大发展战略，全面落实"高质量发展"。

地利。浙江是中国革命红船起航地、改革开放先行地、习近平新时代中国特色社会主义思想重要萌发地。这是浙江省独有的"地利"优势，是新时代赋予我省文化产业发展的重要机遇。要充分发挥"三个地"的政治优势，努力转化为发展优势，加快打造万亿级文化产业，努力建设文化浙江，走出一条具有鲜明浙江特点的发展路子。

人和。2020 年，全国将实现高质量全面建成小康社会，人民群众对文化消费的需求动能将全面释放，更重要的是，近年来涌现了越来越多具有创新创业精神的浙江人，越来越多优秀的企业家投身于文化事业和文化产业的蓬勃发展。此为"人和"。

在天时、地利、人和三者兼具的大环境下，浙江省文化产业发展潜力无限，未来可期。

多措并举，多管齐下，推进文化产业高质量发展

2020 年是"十三五"规划的收官之年，也是"十四五"规划的制定之年，浙江省将多措并举，多管齐下，全面推进文化产业高质量发展。

积极开展大运河国家文化公园建设，深入贯彻落实习近平同志关于推动中华优秀传统文化创造性转化、创新性发展等一系列重要指示精神和举措。

全面推进浙江省四条诗路建设，实现区域协作、资源共享、优势互补和品牌共树的全域文旅融合发展大格局。

深度融入长三角一体化发展，发挥好长三角国际文博会的平台作用，深化区域合作，共谋长三角更高质量一体化发展。

聚力推进数字文化产业、影视文化产业高质量发展，打造浙江文化产业高地。

扎实推进文旅融合、文化与科技融合向纵深发展，以"文化+"赋能经济高质量发展。

加强"十四五"文化产业规划编制的创新，探索推进文化产业高质量发展的浙江路径。

浙江将继续秉持浙江精神，以"担当新使命、争做排头兵"的姿态，奋力打造与浙江"三个地"相适应的文化高地，为加快"两个高水平"建设汇聚强大精神力量、凝聚深厚文化滋养。

资料来源

《高质量发展文化产业　高水平建设文化浙江——2019 年浙江省文化产业发展总结与展望》，2020 年 1 月 9 日，http：//edu. zjol. com. cn/zt15858/ztlb15859/202001/t20200109_11559727. s html。

第一篇

新闻信息服务与科技融合

报纸信息服务与科技融合：浙报传媒控股集团案例

 公司简介

浙报传媒控股集团有限公司（简称浙报传媒）成立于 2002 年，前身为浙江日报报业集团有限公司，是浙江日报报业集团出资设立的全资子公司。作为统筹运营浙江日报报业集团经营性资产的市场主体，公司拥有独资、控股子公司 30 多家，经营业务包括传媒及相关文化产业、资本运营等领域，产业规模居全国报业集团前列。2011 年浙报传媒旗下传媒主营业务和资产实现整体上市，成为国内首个经营性资产整体上市的报业集团。

浙报传媒以"传媒控制资本，资本壮大传媒"的发展理念，围绕以用户为核心"构建互联网枢纽型传媒集团"的战略目标，通过构建新闻传媒、数字娱乐、智慧服务和文化产业投资"3+1"平台，将自身打造成大传媒产业格局的强势新闻媒体。同时，公司立足集团传媒主业优势，进一步推进文化产业跨界融合战略，积极发展与传媒主业相关联的文化产业新业态，打造以传递社会主义核心价值观为宗旨的集团传媒文化金字塔，全面提升集团综合文化服务能力，加快推进从传统报业集团向科学发展的现代传媒集团战略转型升级。

案例梗概

1. 浙报传媒控股集团实施"三圈环流"新媒体矩阵，为新媒体融合构建坚实基础。

2. 探索 PC 端、纸媒端、移动端"三端融合"，实现"全方位、全天候、全覆盖报道"新闻网络。

3. 牢记"三点发力"政策，坚守新闻内容生产品质，提升新媒体核心竞争力。

4. 构建"媒立方"智能传播服务平台，打通三大采集端，推动新闻产业进入在线时代。

5. 建设大数据与新闻"双业务"平台，支撑新媒体融合发展。

6. 紧密耦合大数据技术与新闻采编业务，高效整合集团内部优质资源。

7. 实现创新型组织架构，驱动技术平台与业务需求高度融合。

关键词：新媒体矩阵；新闻网络；智能传播服务平台；新媒体融合；大数据；创新型组织

 案例全文

20 世纪 90 年代以来，互联网作为基础设施构建作用不断凸显，移动终端市场异军突起，人类社会关系延展度不断增强，工业社会在完成了向信息社会转变之后，正迈向"万物互联"时代。工业经济时代的产业边界明晰和格局分立的状态已经无法适应如今跨界整合、混业经营的趋势。面对互联网的冲击和传统媒体行业系统性衰退的"双压"形势，传统媒体的经营面临着巨大的挑战和困难。同为传播媒介的互联网在资源配置效率和方式上的优势倒逼着传媒行业进行适应结构性调整，优胜劣汰。

2014 年 8 月，习近平总书记在中央全面深化改革领导小组第四次会议上强调，推动传统媒体和新兴媒体融合发展，要遵循新闻传播规律和新兴媒体发展规律，强化互联网思维，坚持传统媒体和新兴媒体优势互补、一体发展，坚持先进技术为支撑、内容建设为根本，推动传统媒体和新兴媒体在内容、渠道、平台、经营、管理等方面的深度融合。习近平总书记的重要讲话为推进传统媒体融合发展指明了方向。浙报传媒紧抓上市的重要机遇，秉承"传媒控制资本，资本壮大传媒"的发展理念，以党中央提出的传统媒体融合发展决策为行动指南，以转型"互联网枢纽型传媒集团"为战略目标，依托自身相对成熟的资本平台、技术平台和用户平台充分发挥自身率先融合发展的先发优势，将推进传统媒体深度融合作为重大改革工程。在推进媒体融合发展的短短几年里，浙报传媒"以'三圈环流'为新媒体融合的基础、以'三端融合'为新媒体融合的关键流程、以'三点发力'为新媒体融合的根本保证，以'媒立方'为新媒体融合的驱动力"，走出一条互联网与传媒高度耦合的融合之路。

一、"三圈环流"，实施新媒体矩阵工程

浙报传媒"三圈环流"新媒体矩阵是新媒体融合的体制基础，由核心圈、紧密圈、协同圈三个部分组成，是互联网主流新闻平台，是浙报传媒实现全媒体融合的新媒体基础。作为全国省级媒体中先行一步的新媒体战略架构。"三圈环流"新媒体矩阵以推动主流新闻传播、占领互联网制高点为目标，建设具有"党报特质、浙江特点、原创特色、开放特征"的主流网络媒体平台，构建媒体融合的新格局。

"三圈环流"新媒体矩阵的核心圈包括浙江新闻移动客户端、浙江手机报、浙江在线新闻网站，构建"四位一体"的网上党报，以传播主流新闻为核心，三大产品互为依托，有机联系，用户相互导流，力争覆盖全省 2000 万主流人群；紧密圈包括边锋网新闻专区和新闻弹窗、云端悦读 PAD 客户端、边锋互联网电视盒子、钱报网、腾讯·大浙网新闻版块以及各县市区域门户，根据不同传播定位，承担浙江重大新闻发布功能，壮大主流舆论协同阵地；协同圈包括微博、微信等第三方网络应用和专业 APP，建立专业运营队伍，勇于进入商业网站既有平台，既积极渗透发展，抢夺话语权，又为自有核心圈产品导流。

"三圈环流"得以顺利推进，主要依靠三大优势：①顶层设计清晰科学。浙报传媒在推动媒体融合上构思科学，工作有力。在构建起"三圈环流"的新媒体矩阵后，浙报传媒倾全集团之力打造了"浙江新闻"移动客户端，2016 年又启动地方分社改革，致力于将各分社打造成所在区域第一媒体平台。这些都为浙报传媒"更快一步、更进一步、二次创业、全面融合"奠定了坚实基础。②接轨资本市场。2011 年 9 月，浙报传媒上市，成为全国第一家媒体经营资产整体上市的省级报业集团。2013 年 4 月，以 31.9 亿元并购边锋浩方网络平台，获取了一个 3 亿注册用户，2000 万活跃用户，900 多万移动用户，国有资本控制的最大规模互联网用户平台，构建起大数据技术平台和一支近千人的互联网技术团队。截至 2018 年，浙报传媒的盈利结构中，传统媒体盈利只占 40%，非媒产业则为 60%。③党委政府高度重视。2014 年 4 月 14

日，浙江省委常委会审议通过《浙报集团推进媒体融合发展、实施"红色新媒体建设工程"方案》，夏宝龙同志明确指示要求："快、广、真、专"。中央和省委关于推进媒体融合、做大做强主流媒体的坚定决心，为浙报传媒加快融合发展提供了巨大的鼓舞和强大的动力。

二、"三端融合"，三大舆论场全方位、全天候、全覆盖报道

如何实现"三端融合"、同步发声，形成有机联系，发挥整合传播优势，涉及浙报传媒新媒体融合的关键流程。当前国内舆论场呈现出三端结构：以传统媒体为主的纸媒端，这是舆论场的红色地带，也是多数媒体的主阵地；以互联网为依托的 PC 端，主要包括人民网、新华网等主流新闻网站和新浪、网易、搜狐等商业门户网站；以移动互联网为依托的移动客户端，主要包括手机 APP 和微信、微博等。在这三大舆论场上，媒体融合百舸争流，媒体竞争刀光剑影。

2015 年以来，浙报传媒针对立体化、互动式、全天候播发报道，不断尝试创新。特别是在重大主题报道和突发事件报道中，纸媒端、PC 端、移动客户端"三端融合"，对新闻事件进行全方位、多角度、全天候、全覆盖的报道，取得良好的传播效果。2015 年 11 月 7 日的"习马会"报道，就是"三端融合"报道的典型案例。以往发生重大政治事件，地方媒体只能播发中央媒体的通稿。然而本次"习马会"，浙报传媒得到了七个采访名额，自己审稿，自己发稿。集团从新老媒体中抽调了七名精英力量，赴新加坡现场采访，并与后方近百人的编辑团队，一起组成多层次、多角度、全方位的"习马会"报道"集团军"，在一套高效有序的全媒体指挥调度机制下，奏响了融合报道的"交响曲"。

"习马会"报道上，浙报传媒在纸媒端上重视原创、重视独家、重视言论，对余姚籍新加坡国立大学东亚研究所所长郑永年的独家专访、本报记者拍摄的精彩瞬间等报道，大大增强了版面的可读性、可看性，使地方党报在全球媒体竞争中精彩亮相。在 PC 端上，浙江在线以大型专题形式呈现的 24 小时不间断滚动播报夺人眼球，引得网友纷纷点赞叫好。移动端上，"浙江新闻"客户端主打即时性和可视化，以适合互联网传播的方式推出各类原创新闻产品。启动页直达新闻专题、有"声"有"色"的 H5 作品等，都得到了大量转发，使传播效果多层次、多领域的叠加。在这场全球媒体同场竞技的

重大题材报道中，浙报传媒作为一个竞争主体，能够和任何一个媒体比肩竞争，在文字报道、图片报道、后方整合报道及言论方面，都发出了极具浙报特色的独家声音。

"三端融合"是浙报传媒新媒体融合过程中的关键和核心，互相融合，互相导流，做到全方位、全天候、全覆盖的报道，这一切必须要有强有力的平台支撑。首先，浙报传媒建立了统一的指挥调度体系，集团总编辑任总指挥，值班编委任当月执行指挥，统筹三端采编事宜。调度指挥平台对采编资源进行统一调配，24 小时实时反应，增强多端口协作。白天值班人员被称作日端，晚上值班人员被叫作月端。日端、月端由编辑部负责人统一指挥，三者一起研判舆情。其次，建立"中央厨房"式的采编流程。《浙江日报》2016 年元旦改版后，实行采编分离，编指挥采。三个端口所有记者稿件，统一发往全媒体供稿平台的稿库，然后由"中央厨房"里的两个编辑中心——浙江日报编辑中心和数字新闻编辑中心按照三个端口的专业要求进行。全媒体供稿平台是全开放的。所有媒体（部门）、分社的稿子都可以上传平台。形成一个公平的竞争机制。稿件靠质量竞争，好稿子多端采用、多重变现。最后，"媒立方"将所有已有稿件、研究报告作一个呈现，供记者参考。稿件刊发后，阅读访问量和独立访客都可以查询，用户到底喜不喜欢，依靠精确的数据来考评。

三、"三点发力"，依靠品质内容生产提升媒体核心竞争力

浙报传媒通过"三点发力"来保证新闻内容品质来提升媒体核心竞争力：第一落点是体现更快一步，体现新闻的时效，"快"永远是新闻的第一品质。第二落点是言论、评论。媒体融合时代，最宝贵的是观点、意见。新媒体时代，不缺信息生产者，缺的是意见生产者，缺的是观点生产者。第三落点是综合新闻信息、评论信息，再进行深度加工的新闻信息、思想信息集成报道。

第一落点——快速派出记者赶赴现场，及时发回全媒体报道。在媒体融合下，永远要抢第一落点，要争分夺秒，这是内容生产的第一环节。为此，浙报传媒建立起了快速反应机制，以短平快的新闻视频和即时直播等形式，报道突发事件和热点新闻，第一时间回应公众关切，在众声喧哗中抢占舆论制高点。以 2015 年 11 月 14 日丽水里东村山体滑坡灾害报道为例。2015 年 11

月 14 日凌晨 1 点 35 分左右，浙江在线全国首发。得知线索后，浙报传媒多路记者迅速奔赴灾害现场，集团也在第一时间启动重大灾害报道应急一级响应机制，组建前后方指挥中心，统筹纸媒、PC、APP 三端采编力量，实现了各路采编力量的无缝衔接。从灾害发生到 2015 年 11 月 19 日 39 名失联者全数找到，130 个小时，各路媒体深度协作，纸媒端长篇通讯、独家评论精品迭出，精心编排的版面高质量呈现，PC 端、移动端的报道，成为省领导了解前方救援情况和媒体舆情的重要渠道和主要渠道，浙江新闻 APP 大救援专题点击量超过 600 万，浙江在线传播力排名连续几天位于全国各大门户网站、新闻网站第四名，充分展现了"三端齐发"的威力。2018 年"两会"上，浙报传媒在开幕、闭幕等一些重要时间节点上均实现了快速发稿，所有图片新闻 10 分钟以内、短视频新闻 15 分钟以内播放到手机和电脑端上。

第二落点——以新闻评论形式表明立场观点，体现思想深度，有效引导舆论。抢抓第二落点，就是要以新闻评论形式表明立场观点，体现思想深度，有效引导舆论。《浙江日报》的言论，主要分为以下几类：服务中心工作、聚焦重大事件、回应社会热点、关注国际时政、关注民生热点。2015 年 9 月 6 日起，《浙江日报》在头版推出《新闻评说》专栏，至今已刊发报道 20 余篇。专栏稿件紧紧围绕省委、省政府中心工作和社会热点难点问题，旗帜鲜明发出权威声音，回应社会关切，消解杂音噪声，引导社会舆论，最大限度调动积极因素，聚合促进改革发展的正能量。《浙江日报》其他版面的评论亦出现了百花齐放的可喜局面。现如今，浙报传媒要求各个板块都要有自己的言论专栏，要培养言论记者。

第三落点——以深度报道形式分析事件来龙去脉，提高综合研判能力。在浙报传媒看来，抓第三落点就是要做好深度综合性报道。纸媒怎么做到和其他两端不一样？2015 年 11 月 15 日浙报刊登的报道《与时间赛跑，一天两夜生命大救援》，把整个信息进行综合呈现。当黄金 72 小时过去后，对救援进行了总结，这也是一个大综合。对于浙报传媒来说，抓第三落点非常重要，所有的突发事件，不要以为没抓住第一落点和第二落点，就没事可做了，还可以补救，还可以用新的视角进行梳理，这就是第三落点。纸媒比快虽然比不过 APP，但是在第二落点和第三落点上，依旧有优势。在 PC 端、移动端同样也要做好三大落点的策划、采编呈现。

内容生产永远是媒体融合的根本。浙报传媒在新媒体融合后，端口众多，其重点方向就是服务中心工作，引导社会热点，关注百姓民生。要做好政策解读、重大会议及活动报道，影响主流人群。众多的内容需要依靠编辑记者、技术、印刷人员和其他保障人员进行生产。为了培养拥有全球化的视野和胆略，拥有一专多能、全媒体、全天候记者素养且具有全流程采编能力的复合型采编人才和技术人才，浙报传媒专门组建全媒体视频影像部，以"视频标配化、直播常态化"为目标，打造视频内容生产的排头兵和专业队，对全体采编人员分批进行视频技术能力培训。浙报传媒还为采编人员配备包含智能手机、外接镜头、手持三脚架、麦克风等专业设备的全媒体采访包，具有录音录像、视频直播、无线传输等功能，作为全媒型记者的标配。2016 年，浙报传媒先后组织了"启航""引航"管理训练营、"钢铁营销团队打造"、智慧运营、产品经理坊等 10 余场大型培训项目，鼓励员工积极参加社群、新媒体运营、IXDC 国际体验设计大会、开发者大会等外部专业培训和行业峰会，全年线上线下培训人数超过 2000 人次。特别是联合省内三家企业开设历时一年的"首届名企管理精英跨界研修班"，对开拓中高级管理人员的思维视野，激发创造力等起到了积极作用。此外，浙报传媒还在 2016 年、2017 年先后派出多名记者到《纽约时报》《金融时报》等世界知名媒体考察学习，提高员工的职业素养，培养员工的前瞻性眼光和国际化视野。

四、"媒立方"，大数据与新闻产业的高度耦合

融媒体智能传播服务平台（简称"媒立方"），作为支撑浙报传媒新闻业务与大数据的深度融合的平台级产品，将大数据技术作为平台建设的重要组成部分，支撑起指挥中枢、PC 端、移动端在内的所有采编终端，打通全流程数据，驱动"策、采、编、发、反（馈）"进入在线时代。

以大数据与新闻业务双平台建设支撑媒体融合发展

"媒立方"大数据平台从架构上将集团内容数据、流程数据与用户数据进行全面集中、关联和深度挖掘。其中在内容数据库中包括国内 1003 家数字报刊数据、异构化资源数据、互联网新闻数据、政府门户数据、微视频库、社交平台信息、新闻图片库与历史老照片等 10 余类数据源，构建一体化底层数据源，运用先进的大数据存储计算能力、敏捷多轮的数据加工体系，实现数据任意节点与流程间的无缝流转。同时，在此基础上通过自然语言处理、机器学习等技术对数据进行分析与建模，构建起热点追踪类、辅助创作类、事

件分析类、传播力分析类、个性化推荐类服务，促进采编人员更好地从数据中挖掘创作灵感。6.6亿用户数据汇聚报纸读者用户、网站数字端注册用户、边锋平台游戏用户、移动手机报订阅用户、经营类用户以及外来投稿的通讯员用户数据，通过整合多端、多平台用户数据，对用户行为进行精准分析，为集团采编业务、运营与经营部门提供数据服务。浙报传媒在传播服务平台建设中，依托传统媒体与新媒体的多渠道融合生产模式，充分运用大数据平台的相关服务，构建策划中心、采编中心、资源中心、可视化中心与运营中心，形成集舆情研判、统一采集、分类加工、集中分发、传播效果评估于一体的新型智能化内容生产平台。浙报传媒集团产品研发中心副主任任海平表示，"媒立方"的大数据平台与传播服务平台是两个"互为表里"的平台，平台的建设过程也是一个以互联网思维对媒体资源进行重新配置的过程，为传统媒体与新媒体之间的融合、新闻资讯向多种经营模式的融合奠定基础。

以大数据技术为支撑紧密耦合新闻采编业务

"媒立方"平台结合业务需求，利用大数据、自然语言处理和机器学习等技术整合报社优质资源，以场景式技术创新实现多维度选题策划、全媒体协同指挥、碎片化内容创作、可视化流程监测、多渠道融合发稿、原创作品传播分析等全新功能，从而将大数据与生产传播业务加以紧密耦合。

在策划环节，"媒立方"通过热点探索、线索追踪、事件挖掘、时间、地域与领域等数据模型，对事件、专题、话题等进行阶段性跟踪，量化传播热度、主题分布、民众反应等维度，促进采编人员快速准确掌握新闻动态，挖掘新闻信息潜在价值，推进内容创作。

在采集环节，"媒立方"系统通过建立统一的内容资源库，打通各个渠道的数据资源，通过数据清理、二次打标建立内容可靠性分类、地域分类、舆论场分类等多个维度的内容标签体系，通过权限设置为各个不同垂直领域的编辑部提供新闻素材。

在编审环节，"媒立方"系统通过计算模型自动延展相关主题稿件，通过关键词、人名、机构等信息实时形成稿件背景资料，结合痕迹版本、敏感词、黑马校对功能进一步保证内容质量。

在发稿环节，"媒立方"系统在实现多端融合发稿外，依据采集的内容相关数据和用户数据形成用户阅读兴趣画像、时序传播画像和媒体影响力画像，为后续数据资源精准投放打好基础。

在评估反馈环节，建立传播影响力分析系统，从新媒体产品端埋码数据收集，到以阅读、互动、转载三个维度以及权重比例作为模型计算，计算出单篇文章互联网传播力指数，形成了以用户为核心的浙报传播力指数考核评价体系，为每一个新闻产品传播效果评估与绩效考核提供明确的数据指标。

"媒立方"平台的大数据技术应用充分融合于新闻采编业务的各个环节，实现新闻生产从线性到环状数据闭环，将"孤岛型"的多端内容生产系统融合为"一体化"的平台，真正实现技术牵引下组织结构的全面改革、工作机制的配套创新，充分利用大数据技术以及基于该技术的智能化服务推进媒体融合发展。

以创新型组织架构驱动技术平台与业务需求高度融合

一方面，大数据技术的应用驱动新闻业务发生变革；另一方面，新闻业务的需求也在不断驱动技术平台建设的可持续发展。为实现技术平台与业务平台的深度融合，浙报传媒变革组织架构，推动新闻业务与技术平台建设相互促进、不断迭代创新。

为高度耦合采编需求与技术平台建设，浙报传媒成立网宣办数据分析室与舆情分析室，不仅为业务人员提供数据服务，同时连接技术部门与业务部门，负责搜集采编需求与业务人员对技术平台使用情况的用户反馈，及时与产品研发中心沟通，促使技术平台不断迭代创新。同时，为了更好地服务于业务需求，"媒立方"产品研发中心下设研发管理部、产品规划部、项目与质量管理部、媒体采编部、移动采编部、视频采编部与运营产品部七大部门，分别负责业务部门的需求收集、业务改造，需求分析、产品规划，项目建设、质量把控，平台研发、大数据建设，移动端、视频端产品开发，媒体云服务开发等。

据浙报传媒网宣办数据分析室副主任董立林介绍，"媒立方"技术平台在报题系统中，添加了稿件分发渠道及稿件形态标签，各部门报题时可进行选择，方便在采编三会中讨论。此外，通过"媒立方"报题系统还可将选题与稿件进行关联，这样全媒体指挥中心的监测大屏就可以实时监测到选题相关稿件在各个渠道的分发情况。为满足指挥协同需求，"媒立方"报题系统、采编系统对 PC 端、移动端都进行了适配，记者编辑通过 PC 端或移动端都可以进行报题、采集、发稿与签审，稿件状态则实时反馈至大屏，由此实现大屏、PC 端、移动端三端联通，实时跟踪选题情况。

五、厚积薄发，新媒体融合探索产业创新

2017年7月，"王选新闻科学技术奖"重磅发布，浙报传媒"媒立方"技术平台获特等奖，这是多年来该奖项的特等奖首次颁发给媒体技术平台。2017年，旗下《钱江晚报》五度入选亚洲品牌500强，品牌价值85.72亿元；此外，浙报传媒股票还入选上证180指数及沪深300指数样本股。2018年，浙报传媒加快推进媒体深度融合和产业创新，主动适应传媒格局新变化，积极提升依托新技术和新媒体资源进行产品创新的理念和技能，加快拓展传媒产业链，实施经营动能变革，探索商业模式的创新转型；成功的新媒体融合也让浙报传媒获得第十届"全国文化企业30强"，成为连续两年全国唯一入选的报业集团；还连续入选第十五届"中国500最具价值品牌"，名列省级党报集团品牌第一。

浙报传媒在2018年积极探索新媒体产品开发及运营，以"浙江新闻客户端"为主要平台，与共青团浙江省委联合推出的以全省团员青年为主的"踏上新征程 青年新作为"学习党的十九大精神系列活动，全省超过65万青年积极参与，进一步扩大品牌影响力；依托浙江新闻客户端、浙视频等新媒体平台，浙报传媒与中共浙江省委网信办共同主办的"改革在身边 我是见证者"改革开放40周年大型网络众筹活动，整体品牌曝光达到2.4亿；浙江新闻"起航号"正式上线，基于拥有1900万用户的浙江新闻客户端进行聚合发声，是融合浙江全省各级党政新媒体优质内容，服务党委、政府决策部署实施的党政新媒体聚合平台和智能指挥平台。此外公司还组织了"智融·2018"钱江新媒体发展论坛、"'浙'就是我"微信矩阵活动等一系列社会影响力大、品牌美誉度高的新媒体运营活动。同时，公司在内部积极培育新的孵化项目，"K班啦"青少年培训服务平台、医直播、"浙报公益"融媒体服务平台、浙江公告信用平台、"浙里味道"品牌管理服务平台等项目进入孵化，区域智慧生活服务型APP完成平台搭建和孵化闭环，进入推广运营阶段。截至2018年12月31日，浙报传媒内部举办的"全员行动，争创蓝海"的新媒体经营大练兵——"蓝海行动"共计完成新媒体营收1.58亿元，较上年同期增加126.47%，"蓝海行动"成为公司新媒体产品运营探索成效有效分享的重要渠道和推动公司新媒体发展的重要抓手。

在大数据产业方面，浙报传媒全面提升支持产业发展的服务保障新动力，

不仅实现了自身媒体融合的技术支撑，还进一步研发升级成能满足行业融合发展需求的"天目云"平台，截至 2019 年 4 月，已与省内外 100 多个县（市、区）达成技术输出意向合作。同时，浙报传媒推进"四位一体"大数据产业生态圈及核心单元"富春云"互联网数据中心的发展，独立研发的"数据中心 EPC 快轨模式发包技术"及"IDC 全线业务支撑管理技术"被中国数据中心工作组授予"2018 数据中心科技成果奖——杰出奖"和"2018 数据中心科技成果奖——优秀奖"两项国家级奖项，同时机房整体入选浙江省《之江文化产业带建设规划》重点项目名单。浙报传媒还利用大数据技术积极服务于政务建设，截至 2019 年 4 月，由其负责的浙江政务服务网事业中心提前完成注册用户突破 2000 万的数据目标，在经营业务拓展方面取得突破；由其主导的"衢州市政务信息系统集成和公共服务数据共享应用示范工程"获国家级重点项目。

资料来源

[1] 鲍洪俊：《推进浙报集团媒体融合发展的"三三"战略，在浙报集团融媒采编实务培训上的讲话》，《传媒评论》2016 年第 1 期。

[2] 陈旭管：《大数据技术驱动媒体融合发展》，《中国传媒科技》2017年第 6 期。

[3] 鲍洪俊：《从相加到相融的浙报三端融合探索》，《传媒评论》2017年第 12 期。

[4] 瑞华会计师事务所：《浙报传媒控股集团有限公司债券年度报告（2018 年）》，2019 年。

 经验借鉴

短短 6 年，浙报传媒控股集团从一家传统报业集团转型为现代企业制度的传媒集团，又从一家传媒集团升级为挺进互联网产业的新型传媒集团。浙报传媒媒体融合发展的进程，前后连贯、一气呵成、高潮迭起，形成了特色鲜明的中国媒体融合发展的"浙报模式"。简单来说，浙报传媒新媒体融合的主要经验有以下几条：①坚持"三圈环流"新媒体融合基础，占领互联网媒体制高点。核心圈、紧密圈、协同圈三大圈层相互依托，各有侧重，共同作用，助力形成具有时代特色、浙江文化、原创经典的主流网络媒体平台。

②深化新媒体融合三大关键流程，构建"全方位、全天候、全覆盖"新闻网络。传统纸媒、门户网站、客户端口三大舆论场媒体竞争刀光剑影，如此背景下，浙报传媒凭借强大的指挥调度系统、中央采编流程、背后技术支持三大核心优势巧妙将三端联合，进一步扩大新闻覆盖面，提高新闻到达率。③牢记"三点发力"新媒体融合根本保证，坚守内容生产核心质量。面对当前社会新闻质量参差不齐、内容立意不够深入等现状，浙报传媒率先将提升新闻质量作为发展的根本基点，发展出一条具有浙报特色的高效、深入、优质、综合的新媒体道路，不断提升品牌核心竞争力。④注入大数据"媒立方"新生活力，新闻产业科技转型。"媒立方"将集团内容数据、流程数据与用户数据进行全面集中、关联和深度挖掘，支撑起指挥中枢、PC端、移动端在内的所有采编终端，成功将"策、采、编、发、反（馈）"五大环节融会贯通，借助数字化媒体优势打破传统新闻产业局限性。⑤融合媒体多元优势，争做新闻行业转型升级领头羊。满足自身媒体融合技术需要的同时，帮助整个新闻行业进行产业链科技创新升级，带动全行业的产业发展。⑥不忘初心，"为人民服务"使命成为新媒体融合持续精神推动力。始终跟随时代发展脚步，关注时代发展新热点，满足时代发展新要求，不论是国家重大新闻事件的报道还是党建活动的媒体支持，都离不开浙报的身影。融会时代变革新元素，将新媒体融合作为产业进步的重要指标。

本节启发思考题

1. 传统纸质媒体为何向新媒体融合转型？
2. 传媒企业如何做到 PC 端、纸媒端、移动端相互同步？
3. 内容为何是新媒体融合的根本？
4. 随着时代的发展，传媒企业应如何实现资源的重新配置？
5. 大数据技术如何支持新闻采编业务？
6. 传媒企业组织架构如何做到与其自身业务需求相匹配？
7. 浙报传媒在新媒体产品开发及运营上做出哪些实践？
8. 新媒体融合的持续精神推动力是什么？

电视信息服务与科技融合：
华数数字电视传媒集团有限公司案例

 公司简介

华数数字电视传媒集团有限公司（以下简称华数集团）是由杭州文化广播电视集团、浙江广播电视集团等投资的全国性广电新传媒、新网络运营企业。华数集团拥有有线网络业务、手机电视与互联网电视等全国新媒体业务以及宽带网络业务方面的运营牌照，覆盖海量传统媒体和新媒体用户，包括3000万有线电视家庭用户、1亿互联网电视覆盖用户、5600万华数手机电视用户。目前，华数集团已与800家全球内容供应商达成合作，业务遍及中国大陆除西藏以外的所有省（市、自治区）。华数集团在数字化领域的创新发展，获得了中国共产党中央委员会宣传部、科学技术部、国家新闻出版广电总局、浙江省和杭州市的多次表彰和奖励。2016年，华数集团作为浙江省企业代表和省内唯一的运营商代表，应邀参加二十国集团工商峰会。2018年，华数集团33个项目获"2018年度浙江省广播电视科技创新项目金潮奖"。

华数集团紧抓国家推进传统媒体与新兴媒体融合发展的战略契机，以"新网络+应用""新媒体+内容""大数据+开发"三大发展战略为指导，以打造"智慧华数、融合媒体"为目标，积极构建新网络、新媒体、云计算和大数据、原创内容以及智慧化等产业板块，全面加快向智慧广电综合运营商和数字经济发展主体转型。

 案例梗概

1. 华数数字电视传媒集团有限公司紧跟时代潮流，找准角色发挥优势，推动智慧广电创新。
2. 搭建"四个平台"智慧系统，形成基层治理大数据中心，提升政务工作效率。
3. 构建智慧养老服务有机体系，优化智慧养老服务，提高老年人日常生活质量。
4. 发展多样化的智慧校园项目，创建全方位信息化教学环境，打破教学时空限制。

5. 全面建设"智安"标准化小区，积极探索"智慧安防"新模式，增强群众安全感、幸福感。

关键词：数字经济；"智慧广电+"；智慧政务；智慧养老；智慧校园；智安小区

 案例全文

2018 年，习近平同志在中国科学院、中国工程院院士大会上做出重要讲话，提出将实施智慧广电建设工程作为科技创新的重要载体和平台。之后，国家广播电视总局聂辰席局长也指出：要深入贯彻落实习近平总书记重要讲话精神和科技创新重要思想，扎实做好广播电视科技创新工作。适应新形势新任务，将实施智慧广电建设工程作为科技创新的重要载体和平台，再造广播电视制作、播出、传输、覆盖、管理流程，打造全媒体全功能服务，实现存量转型、增量更新、质变重塑。

迎着数字经济的浪潮，华数集团积极转型，先后完成从广电传输单位向区域性广电运营商的一级跳，从传统广电运营商到全国性新媒体运营商的二级跳。如今，华数集团将加快向智慧广电运营商和数字经济发展主体转型，打造中国智慧广电第一股，努力完成第三次跳跃。

一、华数集团紧跟时代潮流，深化融合智慧经济，智慧广电应运而生

智慧广电不仅仅是一次传播技术的革新，它对多种技术的集成与应用、对人们日常劳作的部分替代、对生活品质和幸福感的提升，必将促使社会生活多个领域发生一系列重大变革。变革意味着挑战，变革同样也意味着机遇。从 2015 年国家新闻出版广电总局部署的智慧广电，畅享数字生活开始，华数集团就致力于"智慧广电+"的转型，奋勇争先、不断探索。当前，智慧广电业务也已经成为华数集团转型升级的主要突破口和引擎。以时间发展为轴线，华数集团在"智慧广电+"的业务发展主要经历了三个阶段。

第一个阶段："无中生有"。广电智慧化转型发展首先要树立信心，建立兼容多样化业务的新型合作伙伴生态圈，寻求和严选设计咨询类、技术资源

类的厂商资源与技术储备方案。华数集团和浙江省四十多个局委办政府单位签订战略合作协议或业务协议，与中电海康、大华、中兴克拉、奇虎360及北京航天等行业领先公司签订合作协议，并积极推动或参与各大产业联盟建设。在加强自有能力层建设的同时，整合资源、共同合作、拓展市场，实现业务突破。

第二个阶段："有中择优"。这一阶段主要突出广电业务平台化的转变。华数集团作为浙江广电"一省一网"整合发展的主体，充分发挥自身优势，积极参与"智慧浙江"和"数字家庭"建设，先后承担了衢州市政务云、"四个平台"和"最多跑一次"等平台项目建设工作，在对接当地党委政府公共服务和为民服务领域奠定了坚实的基础并积累了丰富经验。就拿"四个平台"来说，"四个平台"建设旨在打造数字化转型背景下基层治理现代化的浙江模式，形成"党政主导、公众参与、社会协同、上下联动"的基层治理新格局。华数集团响应浙江省和杭州市的号召，深入基层调研，结合华数集团资源和优势，有效整合利用自有基础设施资源，积极探索乡镇（街道）综治工作、市场监管、综合执法、便民服务等"四个平台"的基层治理体系建设。

第三个阶段："优中取特"。"智慧广电+"通过结合广电网络企业自身优势打造自己的独特方案，不断提升广电网络企业效益并创造商业机会，力图以更低的成本、更优的服务和更高的效率，为客户提供更好的体验，与传统业务相结合，最终达到激活市场存量的目的。近年来，华数集团通过智慧城市建设取得了大量可借鉴的经验，重点布局政务、民生、教育、安防四大领域。夯实发展"智慧广电+政务"、深度挖掘"智慧广电+民生"、快速推进"智慧广电+教育"、持续提升"智慧广电+安防"，通过搭建全方位的信息化服务平台，将业务延伸到千家万户。

二、布局"智慧广电+政务"，捕捉基层治理痛点，进一步推动政府改革

随着"智慧中国"战略的实施，广电企业要紧跟政府管理和社会服务需求，敏锐了解政府领导讲话、政策文件、时事热点等信息，围绕着"善政、兴业、惠民"的目标，帮助政府实现"服务型、智慧化"的转变，以多种不同的产品形式，实现全方位"互联网+政务"的服务，满足用户不同的办事场景，从服务个人用户向服务政府、助力企业和普惠民众转变，从而实现可持

续发展，创造更广阔的市场前景。

2017 年，华数集团敏锐地捕捉到政府在基层网格治理中存在的痛点，特别是在县、乡级的网格治理方面极易出现重复管理和管理真空的现象，致使部分热点、难点问题得不到解决。所谓"上面千条线，下面一根针"，政府各条线部门的指令最终是由网格实现，但各级部门垂直系统之间没有纵向联系，数据难以顺利交互，造成"烟囱效应"。针对这些难点和痛点，华数集团提出了"四个平台"的概念，将基层的综治工作、市场监管、综合执法和便民服务所有的工作形成一个智慧平台，各条线工作相互融合。网格工作人员在巡查走访过程中可随时采集录入各项社会治理数据，平台对采集的社会治理数据进行研判分析和派单流转。之前由于分属不同体系，需要登录到不同平台系统填报事件信息，现在只要登录基础平台 APP 即可。数据采集和录入的方便、快捷，使高频率周期性的数据更新成为可能，系统各数据准确性不断提升，数据量累积出现指数级增长，逐渐形成基层的社会治理大数据中心。全面深入地挖掘和利用这些数据资源，可为基层治理提供科学的决策依据，基于大数据的智慧型电子政务呼之欲出。

"80 后"的网格长赵伟是"四个平台"建设的亲历者，"四个平台"像一根纽带拉近了他和居民之间的距离，无形中提升了他对工作的信心和认同感。在杭州的天水街道，一家美甲店发生"转让纠纷"事件，在街道"四个平台"综合指挥中心通过"网格通"APP 发布后，仅仅 20 分钟，这个事件就得到了圆满解决。天水街道党工委书记龚巍认为，"四个平台"建设的关键是实现辖区 28 个以全科网格为基础的蜂巢生态体系的良性运转，做到"人在网中走，事在格中办"。

2018 年 5 月，国务院常务会议指出，整合构建国家、省、市三级互联的网上政务服务平台，原则上不再保留各地政府部门自设的服务大厅，建立统一数据共享交换平台。到 2019 年底，使网上可办的省级、市县级政务服务事项分别不低于 90%、70%。在政务服务改革大背景下，围绕"最多跑一次"改革，华数集团充分发挥有线电视覆盖群体广泛的优势，在电视上就可清楚地查询到相关项目办理的服务指南及办事进度，让群众不用再跑冤枉路和无效路。同时自主研发了 24 小时综合自助办事服务机，通过二代身份证等有效证件和人脸识别验证办事人的身份，为办事人提供申请材料电子化、凭证打印等服务，并通过不断向村、社区及人流密集场所延伸覆盖范围，实现"随时可办、随处可办"，真正成为老百姓家门口的综合、全面的政务自助服务平台。华数"最多跑一次"政务自助服务平台在"2018 年度浙江省智慧城市建设"31 个成果案例中脱颖而出,获得"智慧城市建设成果优秀奖"。

三、布局"智慧广电+民生",打造养老综合管理平台系统,办实事惠大众

在"智慧广电+民生"方面,华数集团充分发挥有线电视到千家万户的优势,以信息化平台为支撑,以第三方服务机构为网点,以"医养护康"为核心,构建虚拟养老、社区养老、居家养老、机构养老等有机整合的全方位、多层次、立体化的养老服务有机体系。利用先进的移动互联网、云计算、物联网技术实现真正意义上的智慧养老,打造一个智慧、安全、高效的养老综合管理平台系统。

华数集团结合传统视频业务,开设健康、书画、理财等专业的优质教学视频资源,解决老年大学课堂无法满足众多老年人报名学习的矛盾现状。通过视频通话功能,老年人足不出户即可通过电视实现家庭医生的签约、服务和在线视频问诊;与第三方智能健康设备连接后,老年人随时掌握自己的健康情况,并为视频问诊提供更为准确的健康数据。华数集团还积极整合医疗护理、餐饮家政、紧急救援、精神慰藉等服务资源,老年人只要打开华数数字电视,就会得到专业服务商为老年人提供的助餐、助洁、助购、助聊、助行、助急等多种线上、线下服务。例如,浙江省杭州市江干区的笕桥街道将该模式辐射 14 个社区,覆盖面达 74.8%,并打造"本土+专业"型为老服务网络,队伍人群涉及社工、专职医生和护士、公益律师、志愿者等,共 310 余人。其中,街道的智慧健康养老项目"华数医养通",更是让老人安心、家人放心。笕桥街道民政科工作人员介绍:"街道依托服务综合体,利用大数据,对老人的身体状况进行监测,一旦数据出现异常,后台就会'报警'。街道实行 24 小时值班制,将信息及时推送到社区医生和老人第一联系人的手机上。"2019 年,第二届智慧健康养老产业发展大会上,笕桥街道喜获全国第二批"智慧健康养老示范街道(乡镇)"称号。

2018 年,华数集团联合养老产业合作伙伴创建智慧养老产业联盟。目前已有近 30 家单位申请加入智慧养老产业联盟并签署入盟申请书,成员单位涵盖养老行业八大产业链,即养老住宅、养老软件及信息系统、护工培训、福利器械、综合性医护服务、文化生活、老年金融、家政及其他服务。联盟的

成立，促进了智慧养老产业链相关主体之间的交流和深度合作，未来，华数集团还将开展养老大数据的深度挖掘与应用，探索制定出具有普适性的智慧养老服务业务。

四、布局"智慧广电+教育"，创新教学模式，推动优质教育资源共享

2016 年 6 月 7 日，国家教育部在《教育信息化"十三五"规划》中指出，要发展在线教育与远程教育，推动各类优质教育资源开放共享，向全社会提供服务。完善构建网络化、数字化、个性化、终身化的教育体系，建设"人人皆学、处处能学、时时可学"的学习型社会。但由于起步晚、基础薄弱，我国教育信息化还存在应用动力不足、建设发展不均衡、技术支撑不到位等诸多问题。

浙江华数校园电视台通过录播教室建设、教学内容制作，为学校搭建信息化教学环境，同时整合优质教育资源并以电视为载体输送到学生家中，打破教学的时空限制，创新发展主要体现在以下几个方面：一是信息化的技术手段创新。管理者可以通过统一的后台管理系统，上传相关教学信息资料。授权用户通过电视平台就能接收学校通知、收看教学视频、查看成长报告、参加视频会议，从技术手段上解决了教学时空限制问题。二是多样化的功能模块创新。充分发挥华数集团的媒体资源优势，在教育视频资源上整合了 TV 课堂、英语、国学、科学、艺术、戏曲、安全、求索等八大模块。同时，对接视频会议系统，还可以实现课堂直播，进行实时的教学互动。三是个性化的需求支撑系统创新。校园电视台可提供标准版和个性版两种模式，个性版可按照学校需求及特色单独地进行个性化定制，包括个性化首页、个性化栏目、个性化应用等。同时首页开通学校专属入口，根据学校和个人需求，推送个性化的教育，实现可定制的教与学。四是促进家长和学校的互动。家长动动遥控器，就能通过电视大屏和手机小屏随时随地收看校庆典礼、文艺演出、公开课等重要活动的现场直播。通过对接安防系统，"智慧校园"还将辅助安全管理，以提高校园安全的透明度。五是老师、学生和家长还能自发上传以班级活动、学生才艺展示、班级风貌等为主题的视频和图片，形成电视端的"班级圈"。通过该版块为所有优秀班级和学生提供更权威的展示平台，其中涌现出来的优秀人物、感人事迹、突出才艺都将有机会登上华数集团的

全媒体平台，在互动电视、华数频道、地铁电视上播出，还将有机会登上年度晚会的舞台，向全社会传播正能量精神和树立优秀教育典范。

自 2018 年 5 月浙江华数校园电视台产品正式发布以来，通过对学校进行产品培训、场景研讨、市场指导、业务沟通，截至同年 11 月底，全省已有 25 个地市近 40 个试点学校落地校园电视台标准版和个性版产品，并有多个学校实现了常态化运营。以桐乡华数为例，上线一个学期以来制作了 76 节课件，学生全学期平均点播率 50% 以上，学生成绩大幅度提高，家长满意率高达 83%，桐乡教育局给予了充分的肯定，表示继续扩大试点、在全市铺开推广。该产品作为华数集团切入"智慧教育"行业的基础产品，真正做到用集客项目拉动和保有大众用户，对华数集团切入智慧校园项目也有重要作用，并为今后教育行业的精细化运营打下基础。接下来，华数集团将充分利用华数电视用户的规模优势，为全省近百所学校建设校园电视台，覆盖十几万学生家庭，并重点支持全省 30 所学校进行精细化运营，进一步深挖应用。另外，华数集团还将继续拓展其他智慧校园项目，如平安校园、安防监控、视频会议、访客系统等，并将这些系统与校园电视台进行对接，从而打造一个全方位信息化的教育生态系统。

五、布局"智慧广电+安防"，致力解决安全管理问题，紧扣智慧城市发展

随着社会经济的迅速发展和城市化建设步伐日益加快，社会民众的安全需求日益增长。城市建设速度的加快导致了城市中人口密集度提高、流动人口增加，由此引发出社会治安、交通、重点区域防范等综合城市社会安全管理问题。在此背景下，"雪亮工程"应运而生，力图深化视频监控应用，建立综合视频图像研判系统，对重点地区或事件进行可视化实时管控，提升立体化、智能化治安防控体系实战效能。

作为"雪亮工程"全国首批示范城市，浙江衢州正是依托华数集团承建的衢州市云计算中心，设计"四网一大脑"总体架构，通过人工智能建立全域感知系统，打通群众安全感的"最后一公里"。衢州市云计算中心通过将数量庞大的单点计算单元相互联结、协同工作，形成拥有强大计算能力的资源池，满足城市治理、"最多跑一次"、雪亮工程、"四个平台"、智慧交通及数据挖掘等应用。衢州城市大脑实现可调控、即时化智能视频分析建设，通过

机器视觉、大数据、人工智能等技术，打破原有工作模式，整合跨区域、跨部门、跨层级数据，促进共享。可以说，华数集团这一尝试是用人工智能实现基层治理、保障群众安全的全新示范。衢州市云计算中心还将作为浙江省政务"一朵云"区域节点及浙江省数据备份中心，为衢州市数字化转型提供有力支撑。

居民小区是县域社会治安防控体系的基层单元，是治安管理防范的重点区域，只有每个小区的平安才能累积全社会的大平安。华数集团在传统小区人防、物防、技防基础上，紧扣智慧城市发展方向，通过在居民小区安装智能工具和应用现代物联网技术等进行社会治安智慧防控，全面建设"智安"标准化小区，把"智安小区"打造成智慧安防体系的重要纽带，积极探索"智慧安防"新模式，实现全覆盖的智慧防控网。以平湖为例，"智安小区"自平湖华数钟埭街道试点建设推广以来，华数集团已成功承建全市智安小区建设项目 43 个，并从原有 1.0 版的 7 个功能子项升级到了 2.0 版的 16 个功能子项，集成"智慧交通""智慧物业""智慧消防""智慧用电"和监控 AI 大数据应用。在智能工具的帮助下，工作人员通过视频监控查看并迅速采取行动，可以有效提升小区的安全系数，减少居民经济损失，全面推动社会治理取得成效。自从智安小区建设后，发案率明显下降，社会破案速度大幅提升，服务群众更加快捷，受到了百姓的普遍赞许，群众的安全感和对社会治安的满意度明显提升。

资料来源

［1］浙江华数有限公司：《华数：智慧广电新思考——深化融合创新拥抱智慧生活》，《广播与电视技术》2019 年第 4 期。

［2］沈子强：《浙江华数融媒体战略的思考和实践》，《广播电视信息》2019 年第 6 期。

［3］浙江华数有限公司：《浙江特色的"智慧广电+"——浙江华数转型发展实践》，《信息化建设》2019 年第 1 期。

［4］浙江华数广电网络股份有限公司：《突破产业界限扩张产业价值链——浙江华数落实"智慧广电+"实现转型发展实践》，《有线电视技术》2019 年第 1 期。

［5］闻利剑：《浅谈富阳华数智慧校园信息化项目的建设》，《中国有线电视》2019 年第 4 期。

经验借鉴

　　华数集团紧跟数字经济新时代的步伐，围绕"大数据+开发"这一大战略，以政府政策为导向，以多重角色为驱动，以"慧政""惠民"为两大抓手，将广电的内容优势、网络优势、用户优势、管理优势嫁接在融合业务之中，在智慧政务、智慧安防、智慧小区等多个重要领域参与了杭州城市数据大脑的建设工作，走出了一条极具华数集团特色的大数据发展之路，一条极具浙江特色的智慧广电发展之路。简单来说，华数在智慧化发展、探索文化科技创新方面的经验有如下几条：①奋勇争先，首创概念，走在数字经济发展浪潮前列。在数字经济的大环境和广电创新的政策指引下，华数集团作为浙江广电"一省一网"的主体，凭借独特的区位优势和先进的发展理念，开发专门的 APP 和服务器系统，率先突破产业界限、扩张产业价值链，对标"互联网+"概念，在业内首创性提出"智慧广电+"的概念并进行涉及政务和民生等多个方面的科技创新和实践升级。②积极转型，三级跳跃，着眼长远战略布局和谋划。在大数据背景下，智慧广电业务已经成为华数集团转型升级的主要突破口和引擎。华数集团以时间为轴线，步步推进，先后完成一级跳和二级跳，如今华数集团将努力完成第三次跳跃，加快向智慧广电运营商和数字经济发展主体转型。③实施广电科技创新，抓住政策机遇，打破传统固有格局和思路。华数集团在加强自有能力层的建设的同时，整合资源，遵循以合作谋共赢的原则，充实自身企业业务的广度和深度，提高核心竞争力。同时，华数集团积极参与"智慧浙江"和"数字家庭"建设，"四个平台"和"最多跑一次"等平台项目建设工作，有效助力政府改革。④有效利用因地制宜，构建大数据平台，发挥传媒资源优势。华数集团结合自身数字电视传媒的优势，始终坚持"以体制创新和技术创新带动产品创新、服务创新、管理创新、产业创新"，从杭州走出浙江、走向全国。多种项目，多次尝试，总结经验，打造适用于全国的"智慧广电+"模式，将方便的服务延伸到千家万户。⑤重视行业交流，增强紧密联系，与广电同行合作共谋发展。华数集团积极推动各大产业联盟建设，积极听取专家意见，希望通过更加紧密的行业合作，进一步加强与广电同行、通信及互联网企业合作，探讨智慧广电上下游产业链各方互利互惠、合作共赢的方式、方法与举措，共同推动智慧广电技术、应用产业链的协同发展。例如，华数集团与优酷和阿里等互联网大头共同合作拓展业务市场，推进智慧家庭和智慧城市全面升级，共同为杭州打造城市级物联网商用平台。⑥以智能化为主导，贴近真实生活需要，服务广大社会。华数集团始终把服务社会当作企业自身发展的重要目标之一，从为全省学校开创智慧校园项目推动教育资源共享到建设标准化的智安居民小区保障社会治安，每次都从居民们日常生活需要入手，解决实际问题，积极推动以云计算为基础、以大数据为支撑、以人工智能为引擎的"智慧广电+"开发建设，加速华数集团智能化发展，实现社会效益和经济效益的和谐统一。

本节启发思考题

1. 在新形势新环境下，传统广电该如何向智慧广电转型？
2. 与传统广电相比，智慧广电的理念发生了怎么样的变化？
3. 顺应技术的发展，智慧广电的传播方式和服务方式发生了怎样的变革？
4. 结合企业发展特点，思考为什么要布局"智慧广电+"模式？
5. 对传统电视传媒发展而言，"智慧广电+"模式有哪些借鉴意义？
6. "智慧广电+"模式在政务、民生、教育、安防领域的成效如何？
7. 在未来，智慧广电将面临哪些机遇与挑战？
8. 智慧广电将如何助推政府和民众生活升级？

互联网信息服务与科技融合：
宁波云朵网络科技股份有限公司案例

 公司简介

　　宁波云朵网络科技股份有限公司（简称云朵网络），创建于2006年4月，2015年9月正式在"新三板"挂牌上市（股票代码：833457）。历经十几年发展，公司已成为一家专业以"云计算"数据服务为主营业务的优秀企业，积累了大量的大数据、"云计算"运营经验和技术研发人员，并形成"积累一代、研发一代、储备一代"的技术创新机制。"浙朵云"是在浙江省委宣传部的指导下，依托云朵网络的技术优势和浙江省文化产业促进会的行业组织优势，按照"政策引导、服务企业、市场运作、数据共享"的原则，设立于2016年初，旨在以数据为核心，整合文化产业服务与行业的各类数据资源，建设标准统一的数据共享服务平台，打造互联互通的产业服务体系，推动文化产业接轨"大数据""云计算"的平台。

　　2016年5月，"浙朵云"概念模型首次在深圳文博会上正式发布，省委常委、宣传部长葛慧君出席启动仪式。2017年1月，"浙朵云"正式上线运营，建有文化产业政务服务、文化产业数据服务、文化企业成长服务、文化产业金融服务、大数据决策服务等五大模块内容，可实现数据服务、政策查询、培训服务、办公平台等四大基础功能。

案例梗概

　　1. 宁波云朵网络科技股份有限公司通过构建政企云端数据库，打通政企线上、线下服务链，优化流程，汇聚数据信息，实现平台中各方的共享利用。

　　2. 整合加工数据资源，形成指数和评级，为使用者科学决策提供信息和依据。

　　3. 积极吸纳、培养人才，加强高校合作，不断投入研发高质量产品模型。

　　4. 丰富文化金融机构主体，借力资本推动文化产业融合发展，创造文化产业多元化投资的大环境。

5. 线上依托大数据，线下对接实体影视产业和企业，构建面向全球的影视产业公共服务体系。

6. 结合自身发展，以文化产业为基础，以"一带一路"倡议为抓手，推动实现平台"文化丝路"战略愿景。

关键词：政企平台；数据服务链；数据评级；文化金融；影视公共服务；"文化丝路"

 案例全文

大数据已经改变了我们的文化生产和消费方式。每个人都是数据的生产者，又是数据的应用者。但调研发现，政府相关部门对大数据平台功能的认识不全面，科学的产业决策支持体系缺乏；大数据平台多头管理，缺乏顶层的整体规划和统一布局，导致小而散的产业数据库重复建设；政府与社会协同度低，已建数据平台的长效机制难以形成；数据平台共享和利用程度较低，企业获取资源成本较高。

面对如此情况，一个由云朵网络和浙江省文化产业促进会共同创建的公共服务平台——"浙朵云"诞生了，致力于为全省文化企业、各级政府、第三方服务机构以及文化产业受众群体提供全方位的数据推送、分析、评估和共享等服务，旨在为文化产业发展提供全面、系统的大数据支撑，为第三方机构提供大数据评估依据，从而推动文化产业深度发展。

一、"浙朵云"促进文化产业的数据化公共服务

打造政企平台，实现数据共享

互联网时代，人、事、物的流转速度加快，不断冲击着现有的网格化社会管理模式。管理效率越来越低，公共服务的水平跟不上，必然要求社会管理转向网络化。云朵网络推出的"浙朵云"，就是一个文化产业的 G2B（Government to Business，指政府与企业间的电子政务）平台，帮助政府解决在管理中人力资源不足、知识结构更新缓慢、工具老化的问题。

"浙朵云"上线后，服务全省 20 万家文化企业，服务过程中，政府和企

业之间都会相互交换信息形成数据，这些数据不断汇聚，会在云端形成一个数据池。政府为了增加政务服务平台的用户黏度，还会引入第三方市场服务商，构建一个B2B（Business to Business）平台，B2B过程中形成的数据也会反向汇入数据池。"因此，数据池里既有政府数据，又有服务商数据和企业数据，只要你在这个平台里不断流转，每个人每一方都会得到自己想要的数据。"云朵网络董事长陆世栋介绍说。

优化服务流程，打通线下服务链

政府部门借力"浙朵云"打通政企数据链，深化"最多跑一次"改革，实现统一的信息上报和政策下达，推动建设高效政务服务体系；企业通过一系列商业竞争数据检索及"云产品"应用与金融服务，有效降低运营成本。

中共中央办公厅、国务院办公厅不久前印发的《关于深入推进审批服务便民化的指导意见》，把"浙江省'最多跑一次'经验做法"作为典型经验之一向全国全面推广。"最多跑一次"改革是浙江以习近平新时代中国特色社会主义思想为指引，创造性推进全面深化改革实践的一个鲜亮标志。"浙朵云"不仅是浙江以政府数字化转型为目标，构建统一架构、覆盖全省的浙江文化产业服务网，也是推进"最多跑一次"改革的重要支撑。

为切实推动与温州市文化产业的紧密合作，"浙朵云"与省文化产业大数据平台工作培训会于2018年1月29日下午在温州举行。据了解，鹿城、龙湾、瓯海、洞头区委宣传部、乡镇（街道）相关负责人，市级以上重点文化企业、成长型文化企业负责人等共120余人参加此次培训。温州市委宣传部接下来将组织省文化产业大数据服务平台工作专题培训会走进各县、市和文化产业企业比较集中的乡镇、街道，与更多文化企业进行面对面的培训交流，打通线下数据服务链的"最后一公里"。未来温州市计划将文化产业各类项目申报、有关信息发布以及重点文化企业、成长型文化企业的申报等都通过"浙朵云"进行"一键式"的管理和服务，实现省、市、县共建、共管、共享。

实时共享数字资源

"浙朵云"结合了云朵网络的技术优势和浙江省文化产业促进会的行业组织优势，具体来说，该平台将从政府、企业、生产、消费四个维度，建立信息资源的共享平台。通过开放的信息接口，让更多机构和企业加入"浙朵云"，建设文化企业"竞争性数据"服务联盟，使企业通过一站式服务，实时获取与自身经营相关的数据内容，并通过完善信息服务，根据政府、企业、行业的不同要求，精准提供信息数据。

陆世栋提出，整个文化产业政策端、服务商端、企业端、去产业端、数据端共同形成一个文化产业的大数据，针对这个大数据，云朵网络通过全样本的数据采集、加工和分析，形成指数和评级，可以为所有方提供实时的决策和依据。这也是云朵网络一直提倡的"数据驱动决策"的理念。

"举个例子，政府每年对文化企业购买信息化服务有补贴，这笔钱补给谁，过去政府是通过数值限制来实现的，比如企业投入超过 20 万元补贴10%，超过 30 万元补贴20%，很多大企业投入都上百万，所以这些资金很可能就被几家大企业占掉了。但补贴的目的是为了鼓励企业利用信息技术进行转型升级。对大企业而言，信息化技术应用已经很成熟了，而且是生产必需，补贴已失去了意义。但凭什么不给它补贴呢，我们通过大数据可以分析出来，这家企业的信息化水平、产销利税达到一定水准了，应该去申请更高状态的补贴，应该把这个优惠让给中小企业，政府就会调整补贴的政策，资金利用率也变高了。我们希望通过大数据实现政务服务的普惠，让大量的小微企业也可以享受到政策红利。"

二、"浙朵云" 构建文化产业的信息资源共享平台

引进人才，打造高水平数据平台

在"政务云"市场杀出一条血路，并不容易。整个行业都在挖掘政府背后的大数据资源，"政务云"市场以厮杀开局，腾讯集团旗下腾讯云计算公司以 0.01 元中标厦门市政务外网云服务项目，可以看出市场的惨烈。

"浙朵云"凭什么能在资本市场维持持续的热度，它的核心竞争力是什么？陆世栋告诉记者，云朵网络要打造的是文化产业的生态化服务平台，接下来几年，他们都将在文化产业集中精力推三个服务，即政务服务、企业服务和数据服务。按照产品计划，政务云在 2017 年 4 月正式上线，宁波是唯一的试点城市，到 6 月政务云将覆盖全省 11 个地级市，到 9 月覆盖全省 88 个区县市，9 月企业服务云和数据云也会全面上线。三个服务上线后，云朵网络通过收取会员费的方式实现盈利。

　　"我们实质上是在构建一个产业发展的立体式工具模式，现在国内没有人在做这么庞大、复杂的系统，因为它已经跨学科了，涉及公共服务、数据、IT 等领域，是多种手段融合的社会化生态服务，这也是我们超越传统软件服务商的一个优势。"陆世栋说，截至 2017 年，"浙朵云"有 26 名全职博士在研发这个模型，投入远远大于一般的互联网公司，而且起步早，一般的中小微企业不大可能具备这种能力。

　　"浙朵云"也通过各种方式，吸纳人才，包括建设人才引进鼓励体系，开辟高层次文化创意人才引进的绿色通道；加强与国际国内高校间交流合作，培养高素质、复合型的文化产业经营、管理人才；整合高校、科研机构、文化企业和其他社会资源，举办适合文化产业发展的各种特色培训班和实训基地，加强人才交流合作，采取多种形式，提高文化产业人才队伍自身的学习能力、实践能力和创新能力，加快文化产业人才培养。公司每年投入超过百万元科研费用，致力于技术创新，自主研发的"网络数据监测系统""精准搜索和推荐引擎""数据机器人""全样本指数""企业、行业、产业动态评级体系"等，为客户提供精准数据服务。近年来，公司不断延展基于数据的企业应用生态链，致力于打造城市化、社会化的企业服务体系，构建更美好的数据共享世界。目前，云朵网络已与"阿里云""腾讯云"以及全国著名的大数据院校和研究院建立了合作伙伴关系，拥有自主研发的软件著作权 26 项，并先后获得国家高新技术企业、宁波市最具投资价值 20 强企业等荣誉。2018 年初，公司还与吉林省、敦化市分别签署了文化产业大数据服务平台和智慧制造工业"云项目"的合作协议。另外，公司全力打造的全省首个大数据小镇——"云朵数据小镇"也即将动工建设。

"一站式"政企文化金融交流平台

　　如何借力资本推动文化产业融合发展，进而转化成文化新经济效益与国家文化战略价值，是目前关于"文化+金融"创新过程中被普遍提及的话题。"浙朵云"通过建立完善文化创意产业的无形资产评估体系和信用评级制度，为文化企业提供线上线下信息服务、投融资服务及项目管理服务；创新文化金融服务业态和产品，为文创企业的信贷融资、贷款周转提供全方位服务，探索开展无形资产抵质押贷款业务和知识产权保险业务，为文化企业和金融机构构建一站式的金融服务体系和互动交流平台。

　　自 2017 年 6 月 30 日全面上线以来，"浙朵云"平台已覆盖浙江 11 个市，开通政务号 500 余个，为浙江 10 多万家企业服务商、政府机构等提供基于数据链的金融和第三方企业服务。比如成立于 2017 年 8 月的浙江天证财务咨询有限公司，已入驻"浙朵云"企业服务市场平台，成为"浙朵云"企业服务市场的首批服务商之一。短短一年多的时间，浙江天证财务咨询有限公司快速发展成为浙中西地区最大的代理记账报税一体化财务咨询公司，致力于做中小微企业最信赖的财税服务专家。未来，"浙朵云"将从文化企业的需求侧服务向供给侧服务延伸，为浙江文化企业提供更广阔的市场和业务流量。

线上影视资源服务平台

如何以创新发展为重点，构建面向全球的影视产业公共服务体系，推动产业融合，是"浙朵云"未来发展的重点。

2017 年 1 月 19 日，"浙朵云"总经理俞利敏、市场总监贾兰静一行专程赴横店影视产业实验区学习交流，与实验区影视文化产业服务中心主任、横店影视产业协会秘书长黄雷光，副主任杜新民、陈定中等人共同探讨影视文化与大数据有机结合和产业融合的新途径，将联手打造面向全球的影视产业公共服务体系。实验区副主任陈定中提到，希望在平台上建立"立体场景库"，剧组选景人员可通过平台直观地看到各景点的实时数据，包括场景的年代、饱满程度、配套设施、配套服务、拍摄、排组情况等，帮助剧组快速筛选出最合适的场景，并进行平台预约。"浙朵云"市场总监贾兰静表示，在平台合作基础上，双方未来还可以探索更多合作方式。比如影视行业相关人才培训、组织产业链上下游影视企业国内外交流学习等，线上线下相结合，线上依托大数据，线下对接实体影视产业和企业，将扁平化产业服务模式转为多维度影视文化服务矩阵。接下来，"浙朵云"将和浙江横店影视产业实验区携手共进，以智慧经济生产方式的创新模式合作共赢，共享生态成果。

三、"浙朵云"提出"文化丝路"三年战略

2016 年至 2017 年是云朵网络转型升级的两年，这两年公司提出要坚持做中国文化产业"云计算"大数据领军企业，结合自身发展，以文化产业为基础，以"一带一路"倡议为抓手，推动云朵网络"文化丝路"战略愿景实现，即将重心放在以山东、江苏、浙江、上海、福建、广东、海南为主体的"海上丝路"；以陕西、甘肃、宁夏、新疆、青海为主体的"丝绸之路"；以

四川、重庆、云南、贵州、广西为主体的"南方丝绸之路"。

目前，"浙朵云"已走出浙江，帮助吉林省搭建运营全省的文化产业大数据平台。吉林白鹿大数据科技有限公司是由象山的宁波云朵网络科技股份有限公司在延边州敦化市投资成立的互联网科技公司，也是宁波市在延边州注册成立的第一家科技公司。2018年9月7日晚，在作为第二十一届中国（象山）开渔节的配套活动——第六届海洋文化夜市上，由吉林白鹿大数据科技有限公司开发的"振兴仓"东北供应链服务平台正式发布。这是一个基于东北特色农副产品和优秀旅游资源而开发的线上供应链平台，旨在构建"东北好吃""东北好玩"等一系列业务子模块，推动延边乃至整个东北地区外向型经济发展，也为浙吉两省、甬延两地科技扶贫与交流注入了新的活力。

资料来源

［1］魏卓溪：《"浙朵云"：大数据服务平台助力文化产业》，《上城报》，2016年7月12日。

［2］九三学社北京市委：《建设文化大数据平台，力促北京文化产业发展》，《人民政协报》，2015年6月12日，第4版。

［3］许邵庭：《大数据重构文化产业生态》，《贵州日报》，2019年5月31日，第9版。

［4］胡珊：《云朵网：构建文化产业生态化服务平台》，《宁波通讯》，2019年5月6日，第2版。

［5］单玉紫枫：《平台未来发展—文化丝路愿景》，《宁波日报》，2018年1月2日。

 经验借鉴

云朵网络的"浙朵云"平台，旨在以数据为核心，整合文化产业服务与行业的各类数据资源，建设标准统一的数据共享服务平台和打造互联互通的产业服务体系，推动文化产业接轨"大数据""云计算"。"浙朵云"将文化产业管理与数据应用高效结合的经验有以下几条：①构建云端数据池，实现信息流转利用。通过顶层设计，建立完善信息资源管理体制，明确建设的主管部门，协同各方推进云平台工作的展开。建立科学合理的信息管理制度和标准体系，加强资源整合工作，逐渐解决信息资源闲置、资源共享不足的问题。帮助提高政府的办事效率，管理能力，也引导社会各方对数据开展创新应用。②打通政企服务链，推动信息共管共享。将信息技术资源交给专业的第三方云计算服务商，降低政府建设数据中心费用以及运营维护平台费用，降低政务成本，也避免数据库重复建设的问题，减少信息共享和业务协同难度。同时，举办公开听证会，深化业务人员对于云平台的概念，打消"不想用，不敢用"的心理。"浙朵云"平台组织培训会，用实际行动打通线下数据服务链"最后一公里"，将平台理念、宗旨及功能更清晰地传达给各级相关负责人，并与使用者进行面对面的培训交流，让使用者愿意注册，从而实现数据的流通和共享。③整合加工数据资源，精准提供信息决策。利用信息平台，通过分类、归并、汇总等操作实现信息和数据的深度集成，并采取分析手段，对数据进行挖掘和应用，为使用者提供科学决策的信息和依据。④全面吸纳人才，践行社会责任。"浙朵云"平台建设之初，在打造高质量产品和服务用户上就已有26名全职博士在研发模型，投入远远大于一般的互联网公司。并且，云朵网络通过与阿里云、腾讯云这些较为成熟的政务平台以及全国著名的大数据院校和研究院建立了合作伙伴关系，不断吸纳人才，壮大平台建设队伍，研发一系列高质量的数据类产品。⑤完善金融服务体系，促进产业转型升级。丰富文化金融机构主体，创造有利于文化产业多元化投资和退出的环境。⑥打造影视产业公共服务体系。文化产业的转型升级必不可少的是大数据技术的支撑。以影视产业为例，借助大数据手段，打造文化科技产业载体，通过依托大型文化企业或者科技企业，建设传统文化产业转型升级基地，不断完善产业链、供应链和服务链，推动多维服务的形成。横店影视城与"浙朵云"平台强强联合，利用数据共享，优化电影工作服务流程，降低成本。⑦抓住"一带一路"倡议机遇，加快"走出去"战略。"浙朵云"平台的负责人在经过实地考察后，发现了敦化带来的机遇，借助两地的对口协作关系，建立了"振兴仓"以及"延边伴侣"平台。结合云朵网络的技术与平台，将敦化的美食、美景推销给更多的人，推动敦化延边乃至整个东北地区外向型经济发展，也为浙吉两省、甬延两地科技扶贫与交流注入了新的活力。

本节启发思考题

1. 如何解决云端数据库中数据重复建立、信息冗杂的现象？
2. 如何降低人们对于云端数据"不想用""不敢用"的心理？

3. 实时共享数字资源为各部门行业带来了哪些优势?

4. 在当今行业竞争激烈的情况下，文创企业如何打造高水平数据平台?

5. 建立完善政企文化金融交流平台的意义是什么?

6. "浙朵云"如何通过"文化丝路"成功"走出去"?

第二篇
内容创作生产与科技融合

数字出版与科技融合：
咪咕数字传媒有限公司案例

 公司简介

　　咪咕数字传媒有限公司（简称咪咕数媒）成立于 2014 年 12 月 18 日，隶属于咪咕文化科技有限公司，是中国移动旗下开展全媒出版、人工智能、富媒体手机报业务的专业互联网公司，前身中国移动手机阅读基地，于 2009 年初在中国移动浙江公司启动建设。2010 年 5 月正式推出手机阅读业务。手机阅读业务历经 2013 年的"和阅读"品牌，到 2015 年的"咪咕阅读"品牌。

　　2016 年，咪咕数媒发扬"三全三者"企业使命，即做"全媒出版的创新者，全民阅读的践行者，全新知识的传播者"，建立了以咪咕阅读、咪咕灵犀、手机报为核心的三大产品体系。截至 2017 年底，咪咕数媒全网收入达 68 亿元，实现行业价值 51 亿元，咪咕阅读业务平台汇聚了超 50 万册精品正版图书内容，涵盖图书、杂志、漫画、听书、图片等产品，累计培养了 4.5 亿用户的数字阅读习惯，全场景月活用户数 1.1 亿，已在全国 200 多个城市举办超过 1000 场名家活动，全力服务全民阅读发展，推动开创中国数字阅读崭新纪元。

 案例梗概

　　1. 咪咕数字传媒有限公司牢记"三全三者"企业使命，构建数字化阅读坚实基础。

2. 创新全媒体出版模式，多渠道开发优秀作品，提升核心竞争力。

3. 构建读者互动平台，加强新媒体营销，加速数字阅读推广。

4. 举办全民阅读活动，建设书友互动平台，激发全民阅读热情。

5. 紧密耦合大数据与 AI 技术，启动"5G+4E"新营销模式，优化用户阅读体验。

6. 助力改善著作权的法治环境，促进数字阅读内容绿色正版化。

关键词：数字化阅读；全媒出版；新媒体推广；全民阅读；5G 技术；数字版权

 案例全文

全球互联网自 20 世纪 90 年代以来，已成为重要的信息交互设施，而中国网民对网络的需求也与日俱增。传统纸质书籍则因携带不便、价格高昂、检索困难等原因逐渐满足不了读者日益增长的精神层面需求。面对传统书籍的衰败与新兴市场的巨大需求，发展数字化阅读势在必行。

2011 年 4 月，新闻出版总署制定了《新闻出版业"十二五"时期发展规划》，提出"以业态创新和服务创新为重点，加快新技术应用，大力发展数字出版等战略性新兴出版产业"。同时，新闻出版总署发布了新青年掌上读书计划，旨在以手机作为文化传播和图书阅读的创新载体，为外出务工、学生等新青年群体推荐低资费优秀图书和经典读物，从而解决买书难、选书难、看书难、没时间读书等问题。

咪咕数字传媒有限公司，作为新青年掌上读书计划的参与者，秉承"三全三者"的企业使命，以《新闻出版业"十二五"时期发展规划》为核心，加快数字化阅读进程，以先进技术为支撑，推出三个"五位一体"新模式，从而进一步延伸企业产业链。坚持以"互联网企业"为战略目标，依托自身相对成熟的资本平台、技术平台和用户平台充分发挥自身率先融合发展的先发优势，加快新技术、新理念的运用。在推进数字阅读进程的短短几年里，咪咕数媒以"三大产品体系"为主，以信息技术为辅的方式，先后推出了"IP 创作""AI+数字阅读""5G+4E"等新模式，为推动我国全民阅读进程做出了杰出贡献。

一、面向产业，做全媒出版的创新者

作为致力于推动文化产业成为国民经济支柱性产业、加快我国数字出版业发展、实施新青年掌上读书计划的企业，咪咕数媒于 2016 年推出"三全三者"企业使命，即面向产业，做全媒出版的创新者；面向社会，做全民阅读的践行者；面向用户，做全新知识的传播者。面对日益衰败的传统阅读行业，咪咕数媒致力于通过三个"五位一体"打造规模大、内容优、价值高、互动强的全新产业链。

五环节（内容创作、产品研发、运营推广、便捷支付、衍生拓展）

在内容创作上，咪咕数媒联合多家企业，如智课网、阅文集团等，进行网文的共享与交流。咪咕数媒还联系多家出版机构，如浙江大学出版社、中文在线等，来保证书刊出版的合法性与标准化。在产品研发上，咪咕数媒通过阅读视频化，将书籍整合为视频内容来满足不同人群的与阅读需求，如针对家庭用户推出"咪咕学堂"TV 版。在运营推广上，咪咕数媒借助微信、QQ、微博等受众巨大的热门社交软件来扩大社会知名度；在便捷支付上，咪咕数媒已经与中国银行、中国建设银行、中国工商银行达成合作，与中国移动、中国电信、中国联通签订相关协议。因此，消费者可以通过微信支付、支付宝、银联、Apple Pay 等方式来购买咪咕数媒的产品。在衍生拓展上，咪咕数媒筛选出优秀题材，经过企业改良进行 IP 孵化，再由合作伙伴华策影视进行 IP 运作，最后产品由中国移动进行 IP 变现，从而提高优秀 IP 的商业价值，最大化延长产业链。

在如今 IP 竞争白热化的市场条件下，咪咕数媒在全 IP 布局上也有着慎重的思量。IP 是衡量文化娱乐企业核心竞争力的重要标尺，而网络文学则被视为 IP 的源头。以网络文学为起点，立足文化娱乐领域，依托大数据、人工智能等前沿技术，提供面向政府、企业和个人的数据、舆情、营销、咨询及 IP 相关衍生多元化服务。基于中国移动咪咕文化科技有限公司在阅读、音乐、视频、动漫、游戏五个垂直领域的行业经验和丰富资源，将版权的多形态开发做到极致。

五模式（纸质出版、电子出版、有声出版、视频出版、衍生出版）

作为国内数字出版的领先企业，咪咕数媒形成了"一种内容、多种媒体、同步出版"的全媒体出版模式，实现"任何人可以在任何时间、任何地点，以任何方式获得任何内容"。全媒体出版模式进一步打通了数字出版产业链，将单一渠道与单一形态向多元渠道与多元形态转换，实现一元化生产、多媒体发布、多渠道传播，为不同需求的用户同步提供适配各类终端的阅读产品，实现了阅读产品的全方位覆盖。同时，全媒体出版以内容版权价值最大化为主要目标，实现业务流程的再造，扩大出版范畴，创造了新的增值空间，最大限度地挖掘了内容的版权价值。

为此，咪咕数媒与中信出版集团联手创办咪咕中信书店，并推出了专门为中高端商务客群打造的一款专属的阅读产品——咪咕中信系列包月产品。客户可以在咪咕中信书店客户端内选购咪咕数媒优质电子书及线下书店热卖纸书。书店则为客户提供精品图书任选特权，从而满足用户个性化阅读需求，提供高效便捷的阅读服务。同样，咪咕数媒也与京东商城合作，为客户提供"纸电联动"服务。与此同时，咪咕说书、咪咕影视、咪咕学堂等项目的推出，则进一步满足用户视觉与听觉上的需求。有声读物的诞生，意味着数字化市场进一步扩大与完善。一本书，五种模式，最大化开发了版权价值，扩大了阅读群体，增加了产品附加值，延长了现有产业链，实现企业利益与全民阅读的"双赢"。

咪咕数媒作为国内领先的数字内容汇聚和分发平台，在产业中具有标杆性的示范意义，打造"纸质出版、电子出版、有声出版、视频出版、衍生出版"五位一体的全媒体出版模式，能够进一步联动整个产业链。通过引进版权、自签约作家、自出版图书等方式，在构建正版图书汇聚平台的同时，建立起数字版权库。开展重点 IP 项目孵化，构建全 IP 产业链，不断放大产业价值。

五同步（内容发行、衍生协同、渠道推广、广告发布、粉丝运营）

咪咕数媒通过合作版权推广、自有作者作品签约、全版权运营等方式，积极顺应市场趋势，在以单一合作版权为来源的咪咕阅读业务模式基础上，布局以自有版权为基础，以多元化拓展图书 IP 版权商业价值为核心业务的咪咕文学，实现合作版权和自有版权同步运营尝试从数字阅读运营商向 IP 运营商转型。2018 年，咪咕数媒将更多转向中国现实题材的 IP 开发，用现实题材讲好中国故事，聚焦包括文字、影视、游戏、音频、衍生品等多领域的版权开发。

数字内容的发行离不开广告的推广宣传，咪咕数媒通过微信公众号、新浪微博等多种渠道进行新内容的营销，同时借助母公司中国移动所拥有的市场优势，通过移动营业厅等手机 APP 向中国移动用户同步推送相关产品。不仅仅是线上推广，咪咕数媒还与杭港地铁、都市快报等公司达成协议，在人流密集地区如地铁站、生活广场等进行广告投放。

随着新内容的发布，粉丝管理也是企业的关注点。粉丝社群的运营需要发挥粉丝的参与感、归属感、满足感。在"咪咕阅读"公众号运营上，咪咕数媒借助每日推送加强公众号存在感与影响力，并根据用户的实际需求不定期地发放新书免费阅读福利，从而增加粉丝对公众号的依赖性，加快粉丝到"品牌粉"的转变。同时为确保内容质量与调查运营情况，咪咕数媒定期举办用户见面会，根据核心受众提出的修改意见，不断优化企业细节。

二、全民阅读的践行者，加快线下阅读进程

数字化阅读的发展，提升了国民综合阅读率，推动了整体阅读人群持续增加。为响应国家"数字阅读 e 时代"的号召，咪咕数媒开展多项数字阅读分享活动，承办的中国数字阅读大会自 2015 年第一届之后永久落户杭州，已发展成为一年一度的全民阅读盛会。"让生活更美好"为主题的 2019 中国数字阅读大会发布了《2018 年度中国数字阅读白皮书》，揭晓了"悦读中国"三大年度奖项，其中一项是咪咕文学院项目，积极响应新形势下育新人、兴文化、展形象的使命任务，打造 O2O 平台，为青年作家、学员们提供系统化的思想引导与创作指导。

同时，咪咕数媒更为千万书友量身打造了活动平台——悦读咖，定期邀请作家、明星、企业主等社会焦点人士作为嘉宾，以演讲、领读、对话、签售等方式与千万书友面对面互动。悦读咖从 2009 年至今已走过 100 多座城市，200 多所高校，累计开展 1000 多场名家活动。文学大家、原创大神、历史学者、时事名嘴、财经大牛、影视明星，累计 600 多位名家，共同为阅读发声。

三、全新知识的传播者，推广助力数字阅读

随着数字化信息内容在网上海量生成、流动式发散、分享式阅读，以及线上线下多层次的阅读方式，阅读不再受时间和空间的限制，阅读场景也由单一形式向多元化形式转变。

作为咪咕数媒的主打产品——咪咕阅读是一款集阅读、互动等多种功能于一体的全能型阅读器手机软件，汇聚了超 50 万册精品正版图书内容，涵盖出版图书、原创小说、杂志、听书等多种内容形态，累计培养了 4.6 亿用户的阅读习惯。咪咕阅读通过大数据挖掘技术将用户和内容进行匹配，实现"千人千面"的精准图书推荐，满足用户个性化定制阅读需求。不仅如此，结合咪咕听书 APP，咪咕阅读客户 50 万册图书均支持机器语音朗读，且提供广东话、四川话等方言版本；同时设有真人朗读的听书频道，内容覆盖小说、亲子、曲艺、资讯、脱口秀等多个领域。同时，为了方便用户阅读，咪咕阅读客户端采用主流电子书格式，支持图文混排；用户可自主选择字体及背景，调节字体大小、阅读亮度和排版行间距；提供防蓝光护眼模式及夜间模式切换功能。支付方式也随时代而发展，咪咕阅读客户端支持支付宝、银联、微信支付等所有主流便捷支付方式。

此外，不仅仅是阅读，读者间的互动也是用户体验中必不可少的一部分。为此，咪咕数媒大力发展互动社交化阅读。咪咕阅读客户端设有书单创建与分享、"偷书"并获得 7 日免费阅读权益、咪咕壹句分享、树洞话题等特色互动功能。亚马逊和中国移动咪咕公司专为中国市场定制全球首款联合品牌——亚马逊 KindleX 咪咕电子书阅读器，为中国读者提供 Kindle 电子书店的 46 万余本电子书与咪咕阅读的 40 余万本精选网络文学作品。

四、咪咕数媒开启"5G+"新模式

数字阅读新生态

2019 年 2 月 25 日至 28 日，随着 2019 年世界移动通信大会（MWC2019）在西班牙巴塞罗那举行，"5G"技术开始进入人们的视野。新时代受众具有兴趣更多元、取悦更困难、注意更分散三大特点。

为此，咪咕数媒针对性地提出了三大能力解决方案：第一，内容磁场力。咪咕数媒将依托自制内容、优质 IP、演艺、活动及衍生资源，实现一站式创意服务。第二，科技创新力。通过 AI 剪辑、4K 高清、5G 高速三大科技创新能力加持，实现一站式体验优化。第三，超级覆盖力。比如咪咕灵犀与人工智能技术结合，针对用户生活中的场景上线了速记、五国翻译、智能提醒三大新功能，打造全新 AI 助手。采用国际领先的 NMT 翻译框架，整合注意力网络机制和循环神经网络，相比传统的机器翻译，翻译更精准，使用更便捷。

依托中国移动先发 5G 优势，在内容分发渠道上，咪咕数媒将充分发挥自有矩阵资源、运营商资源及代理合作资源等，360°全场景网罗用户，实现一站式整合传播。咪咕数媒将深入实施"5G+超高清赋能数字内容产业创新发展计划"：使用超高清技术真实再现视频场景，打造"5G 新看法"，增强用户的临场感；视觉赋能彩铃，创造 9 秒视频彩铃的"新听法"，让用户可以 DIY 短视频、体现自我；基于"5G 加云"与视频互动，开发出 5G 快游戏的"新玩法"，为用户带来"高清流畅，无需下载，即点即玩"的畅爽体验；人工智能赋能短视频内容创作，创造短视频内容的"新拍法"，实现内容的高效制作，极大提升人与内容的互动。

版权保护新征程

日益广泛的数字化阅读也面临着著作版权问题。党的十九大报告中明确指出，"倡导创新文化，强化知识产权创造、保护、运用"。

咪咕数媒一直致力于数字和有声版权的保护，严格遵守"先授权后传播""先审后入"原则，坚决抵制盗版，提倡正版。2017 年，咪咕数字传媒有限公司被中国版权协会评为"中国版权最具影响力企业"，这是国家新闻出版广电总局和社会对咪咕数媒版权保护和版权运营工作成绩的认可。目前，咪咕数媒是唯一一家获得政府授牌，兼具平台和版权服务站功能的企业。作为行业规范版权标杆，咪咕数媒在版权的创造、运用、保护和管理等方面拥有丰富的经验，牵头制定行业标准。2017 年 5 月，咪咕数媒联合浙江省版权局成立"咪咕数媒版权服务工作站"，通过咪咕文学网为广大作者作品版权登记和版权保护服务。未来工作站将打造成面向全国的集作品登记、版权咨询、版权交易、纠纷调解、打盗维权于一体的综合性版权服务平台。

资料来源

[1] 李中文、张贺：《第五届中国数字阅读大会开幕》，《人民日报》，2019年4月13日，第4版。

[2] 朱蓉婷：《KindleX咪咕阅读器推出》，《南方都市报》，2017年6月29日，GB06版。

[3] 郑晓娇：《咪咕阅读引领数字阅读新风尚》，《人民邮电报》，2018年8月24日，第6版。

[4] 陈曦：《咪咕中信书店上线"听荐"服务》，《西湖报》，2018年11月22日，第3版。

[5] 忠和：《中国数字阅读 白皮书发布》，《新华日报》，2018年4月17日，第14版。

 经验借鉴

作为文化传播行业的佼佼者，咪咕数字传媒有限公司秉承"三全三者"企业理念，以"推广全民阅读"为目标，在数字化浪潮下建立了独具特色的全媒体出版新模式，打通了全新高产值数字阅读产业链，为推进全民阅读和数字版权保护进程做出杰出贡献。综上，咪咕数媒在推进数字阅读的业务上经验有如下几条：①深入贯彻《新闻出版业"十二五"时期发展规划》提出的"以业态创新和服务创新为重点，加快新技术应用，大力发展数字出版等战略性新兴出版产业"的规划要求，积极响应新青年掌上读书计划，发展数字化阅读相关业务。②创新"一书多版"模式，增强业内外合作，深挖内容版权价值。如咪咕数媒与中信出版社合作的咪咕中信系列包月电子书产品，咪咕听书、咪咕影视的有声出版、视频出版项目。全媒体出版模式为多渠道挖掘版权价值、打通数字出版产业链提供可能。③注重IP内容发行，加强数字阅读推广宣传，关注粉丝管理。线上在微博、微信等新媒体每日发布新书的宣传推送，线下在地铁站投放广告，新内容的发布促进企业与用户以及粉丝群体的互动，形成"粉丝效应"。④线下开展数字阅读分享活动，线上发展互动社交化阅读，助推全民阅读。从承办中国数字阅读大会到构建专业的书友活动平台悦读咖，从咪咕阅读客户端推出书单分享到"偷书"等特色互动功能，全民阅读热度不断上升。⑤打造个性化定制阅读应用，满足读者数字阅读的多样化需求。例如，咪咕阅读不仅支持个性化的页面设置、人性化的模式切换和门类齐全的多种方言有声读物，还支持支付宝和银联等主流便捷支付方式。⑥依托 AI、5G 等新技术，增强人与内容的互动性，升级数字阅读新体验。针对新时代受众特点和生活场景需求，咪咕数媒整合资源推出"AI""5G+"等新型营销模式，开发多种强互动性的视频新玩法，并打造更准确和使用更便捷的全新 AI 助手。⑦重视数字版权保护和管理，成立综合性版权服务平台。数字化阅读时代版权问题也无处不在，版权保护刻不容缓。咪咕数媒一直坚持"先授权后传播"的原则，积极护航正版、打击盗版。同时，和浙江省版权局合作成立"咪咕数媒版权服务工作站"，力争打造全国性综合版权保护平台，净化数字阅读环境。⑧坚守企业使命，不忘初心，"推进全民阅读进程"的企业目标是咪咕数媒持续前进的精神推动力。紧随时代步伐，融汇革新要素，关注社会焦点，满足发展需求，咪咕作为浙江先进企业的代表，将在党和国家的期待下，不断前行，走出创新创造的新道路。

本节启发思考题

1. 和传统阅读相比，数字化阅读市场具有哪些特点？
2. 在全媒体出版模式下，如何最大限度地挖掘内容的版权价值？
3. 如何利用"两微一端"等新媒体平台推广数字阅读、打造数字阅读品牌？
4. 传统数媒企业如何成为全民阅读的践行者？
5. 如何优化数字阅读的用户体验？
6. 5G 等新技术如何增强数字阅读与读者的互动性？
7. 数字版权保护面临着哪些问题？
8. 如何加强数字版权保护？

影视节目制作与科技融合：
华谊兄弟传媒股份公司案例

 ## 公司简介

华谊兄弟传媒股份有限公司成立于 1994 年，由王中军、王中磊兄弟创立。公司因冯小刚的贺岁片而声名鹊起，随后全面进入传媒产业，投资及运营电影、电视剧、艺人经纪、唱片、娱乐营销等领域，在 2005 年成立华谊兄弟传媒集团（以下简称华谊兄弟）。近年来，华谊兄弟成长为国内知名的综合性娱乐集团的同时，也是浙江省横店影视文化产业实验区的首批入区企业。2009 年，华谊兄弟率先登陆创业板，成为中国影视行业首家上市公司，被称为"中国影视娱乐第一股"。2014 年，华谊兄弟将旗下业务整合，初步形成了电影、电视剧、艺人经纪等业务的影视娱乐板块，电影公社、文化城、主题公园等业务的品牌授权与实景娱乐板块和游戏、新媒体、粉丝社区等业务的互联网娱乐板块共三大业务板块及其产业投资实现有效整合的娱乐传媒企业，成为业内产业链最完整、娱乐资源最丰富的公司之一。2017 年 5 月 11 日，华谊兄弟作为广播影视行业的代表企业，荣登由光明日报社和经济日报社联合发布的第十届"中国文化企业 30 强"提名榜单。2018 年，荣登由第二届中国影视领袖峰会发布的"2018 中国电影资本影响力榜年度影响力公司"。华谊兄弟凭借强大的内容制作能力、娱乐人才集聚能力、商业模式创新力和全产业链资源整合能力打造了独特的核心竞争优势。

案例梗概

1. 华谊兄弟传媒集团实施"H计划"，持续修炼作品，坚守影视娱乐为命脉。
2. 依托科技资源，创建一流影院品牌，完善电影全产业链布局。
3. 坚持"内容+平台"战略，以优质的 IP，拓展品牌授权业务。
4. 首创"原创电影 IP+地方文化特色"的模式，打造实景娱乐业务。
5. 建设电影特色小镇，举办文化节，开启全产业链发展的新模式。

6. 开启"VR、粉丝经济、多屏互动、游戏"共生扭转，打造互联网精品。

关键词：影视娱乐；内容为王；电影全产业链；品牌授权；实景娱乐；电影小镇

 案例全文

二十多年来，华谊兄弟从编剧、导演、制作发展到市场推广、院线发行等业务，影视娱乐、品牌授权与实景娱乐、互联网娱乐三大业务板块共同支撑起了华谊兄弟这个大陆知名综合性娱乐集团的规模优势，成为最成功的民营影视公司之一。伴随公司整体布局日益完善、各项业务健康稳定发展，华谊兄弟明确了以提供"优质娱乐内容"为核心、全力打造中国首屈一指的"全娱乐创新工厂"、致力于成长为中国血统的世界级综合性娱乐集团、将精彩的娱乐内容和产品呈现给全球受众的企业理念。华谊兄弟的成功并非一朝一夕，与他们重视文化科技相融合、对市场需求敏锐的感知能力密不可分。多年来，华谊兄弟跟紧时代潮流，不断探寻如何在影视行业实现文化与科技的快速融合发展，在全球新一轮科技革命和产业变革中，占据一席之地。

一、回归初心、锤炼内容，坚守影视娱乐为命脉

华谊兄弟自成立以来，恪守初心，一直以品质著称，经过对作品的不断打磨，成为国内票房最多的电影公司。作为我国影视娱乐业的领军企业之一，华谊兄弟与"电影"二字密不可分。20多年间华谊兄弟精心打造高达124部银幕佳作，让观众充分体会到光影中的无限乐趣。2017年上映的电影中，《前任3》票房高达19亿元，《西游伏妖篇》有16亿元，《芳华》拿下了14亿元。2018年华谊兄弟共计出品7部影片，分别是《云南虫谷》《惊涛骇浪》《找到你》《胖子行动队》《江湖儿女》《狄仁杰之四大天王》《遇见你真好》，其中徐克的《狄仁杰之四大天王》票房收入为6亿元，《找到你》票房收入为2.8亿元，《胖子行动队》票房收入为2.6亿元，《云南虫谷》票房收入为1.5亿元。

2018年，影视行业的动荡不安让作为"中国影视娱乐第一股"的华谊兄

弟也遭遇了重重一击。随着质疑华谊兄弟浪潮的不断涌起，华谊兄弟创始人、副董事长兼 CEO 王中磊没有想象中的疲惫，反而带来了华谊丰厚的片单储备与坚定走下去的新希望。他表示，在电影全产业链的源头内容制作上，华谊兄弟在未来的投入将继续加大。2018 年 6 月 15 日，在第 21 届上海国际电影节开幕前夜，备受瞩目的华谊兄弟 "H 计划" 第六季重磅回归，引爆上海滩。当晚，华谊兄弟副总裁、华谊兄弟电影公司总经理叶宁和王中磊，携本次参与 "H 计划" 的导演及监制登场，以 "3H" 的关键词——Heart，Hit，Horizon 让大众眼前一亮。Heart 代表从心出发，体验最真实的情感；Hit 是指创造极致，引领体验幻想视觉盛宴；而 Horizon 的直译是 "地平线"，寓意着开阔视野，为中国观众带来更多国际化的影视体验。"H 计划" 展现了 "华谊体验·匠心锤炼" 的核心发展理念。华谊兄弟 "一切从观众的真实体验出发，秉持内容为王，创造触动人心的力量" 的本心从未改变，传达出面对未来电影市场挑战的从容姿态和坚定信念，不断提升自我，勇于打破外界质疑。

在 2018 年华谊兄弟 "H 计划" 的片单中，《狄仁杰之四大天王》无疑是当年华语电影市场最受关注的项目之一。"狄仁杰" 系列的第一部就入围了威尼斯电影节的主竞赛单元，更入选为《时代周刊》的年度十大佳片；第二部《神都龙王》大胆起用年轻主创班底，横扫国庆档；第三部《狄仁杰之四大天王》再度回归，于 2019 年 7 月 27 日全国上映。黄金阵容集结重聚，无论是角色剧情，还是视觉效果，都进行了全面升级。徐克导演用这个系列佳作告诉广大消费者，商业与艺术可以实现完美的并存。

二、依托资源、打造品牌，完善电影全产业链布局

华谊兄弟是大陆最早进行商业化电影制作的民营电影公司之一，旗下有华谊兄弟广告公司、华谊兄弟影业投资公司、华谊兄弟文化经纪公司、华谊兄弟音乐公司、西影华谊电影发行公司、华谊兄弟电影国际发行公司等的全产业链布局。多年以来，华谊兄弟不仅在电影品质上有所追求，对于影院的布局也稳健发展、坚持不懈，既拥有黑科技云集的智慧型旗舰影院，又打造了可复制的高端影院 "产品线"。2017 年，华谊兄弟完成认购大地院线股权 95 万股，院线布局得到进一步强化，同时涵盖电影制作、发行、院线的全产业链布局也得到了进一步完善。

华谊兄弟在放映终端的发行领域也频频发力。华谊兄弟（北京）电影发

行有限公司于2016年正式成立，这是华谊兄弟进入电影行业近20年来首次组建专业发行公司；接着，华谊兄弟又通过华谊兄弟（北京）电影发行有限公司，联手上影集团、微影时代等各具优势的股东，投资设立了华影天下（天津）电影发行有限责任公司。随后，华影天下迎来漂亮首秀，由华夏联手华影天下在中国内地共同发行的影片《摔跤吧！爸爸》，上映之后收获极高的关注度与大量好评，凭借超高口碑创造了非好莱坞引进片的内地票房纪录，取得约13亿元票房。

截至2019年，华谊兄弟在全国已拥有30家影院、近300块银幕，覆盖了全国近20个城市。无论是北上广深等一线城市还是沈阳、昆明、廊坊等二三线城市，华谊兄弟均有门店，并将在接下来几年继续加速发展。关于未来华谊兄弟院线布局的战略定位，王中磊表示，华谊兄弟在院线布局上不会以盲目追求数量、追求市场份额为导向，而是走高品质、差异化的路线通过自建、投资合作等多种形式，争取在五年内跻身国内院线第一梯队。在坚守生产优质内容的同时，华谊兄弟在发行、院线等各个环节的精心布局，也将有助于旗下内容贯穿电影全产业链，提升优势内容的竞争力，并迅速占领行业制高点。

三、深耕 IP、采用"内容+平台"战略，推动品牌授权业务

作为较早切入品牌授权这一领域的国内电影公司之一，王中磊表示，授权在华谊兄弟业务版图中的重要性不断提升，品牌公司作为华谊兄弟版权管理与衍生开发合作的唯一窗口，未来也将在集团业务架构中发挥更加重要的作用。整个品牌公司的团队分布在北京和上海两地，其中北京团队主要负责版权管理和运营，上海团队则主要做消费品授权开发。截至目前，品牌公司已经完成了华谊兄弟实景娱乐板块中主题公园业态的部分产品线，为《罗曼蒂克消亡史》《摇滚藏獒》《老炮儿》等电影项目制作电影衍生品。在未来的规划中，品牌公司还将致力于文学、动漫、网生内容、游戏、线下体验等泛娱乐内容以及玩具、服装和快消等消费品的开发。

值得注意的是，华谊兄弟实景业务板块下的另一家公司"华谊启明东方"正在迅速崛起。华谊启明东方以浸没式、体验式的演艺和互动，在实景演出的细分领域内打造了一个全新品牌——华谊兄弟星剧场，并迅速建立了一套轻资产、高周转率、收益稳定的商业模式。目前，星剧场已经完成了江苏镇

江、山东潍坊、贵州遵义、山西晋城四个项目的签约。其中，江苏镇江项目已经开工，山东潍坊项目和贵州遵义项目分别在 2018 年的 3 月和 4 月陆续奠基动工。第一个华谊兄弟星剧场项目在 2018 年 12 月开业运营。

从国内影视行业来看，华谊兄弟传媒集团是业内少有逐渐走上"内容+平台"道路的公司。作为影视内容的输出者，华谊兄弟具备"内容"的基础，凭借着品牌和原创 IP 集群，正一步步夯实平台基础。然而内容公司想要打造平台，必须拥有大体量的超级影视 IP 和衍生 IP 集群，只有这样才能够保证收入和利润以及大规模的市场份额。在这方面，华谊兄弟早在几年前便已确定了"保证质量，回归内容本质"的发展初心，彼时影视行业正处于快速发展时期，而华谊兄弟摸索到了影视公司和行业实现快速发展的道路。这样的发展姿态，也为华谊兄弟度过眼下的行业寒冬打下了基础。在电影资源方面，华谊兄弟近年来制作、发行了多部叫好又叫座的影片，初步夯实了发展的基础。在 IP 方面，华谊兄弟有多个能够进行后续开发的大 IP，包括"狄仁杰"系列、"鬼吹灯"系列、"画皮"系列、"西游"系列。对于想要打造平台的华谊兄弟来说，这是最宝贵的资源，也是能够平稳动荡的最大保障。通过对 IP 概念进行落地，华谊兄弟从影游互动到实景娱乐，都进行了非常积极的探索。在 IP 开发上的发力，是华谊兄弟从内容端发力，打造平台化发展的必然选择。在如今的市场上，面对消费观念不断提升的大众消费者，华谊兄弟相信，IP 集群能够为其带来的，绝不仅仅是持续的关注。

四、"原创电影 IP+地方特色文化"、打造实景娱乐，延长 IP 价值链

"凝聚光影记忆，让银幕里的一切触手可及。"实景娱乐，即把电影银幕上看到的虚构场景在生活中通过实景呈现出来，融合了电影文化、主题游乐、商业、旅游、酒店等多种元素。相较于国内绝大多数主题公园，以电影业务起家的华谊兄弟对 IP 的内容理解和延展把控更具优势。更为重要的是，华谊兄弟的实景娱乐业务并非单一性地仅依赖电影，而是以"原创电影 IP+地方特色文化"的融合方式，整合影视、金融、商业、旅游资源，创新性地打造出具有特色的电影文化旅游业态。

打造实景娱乐的动因主要有三个方面：一是国家政策的引导。由国家发改委联合国土资源部、环境保护部、住房和城乡建设部，在 2017 年 12 月联

合发布的《关于规范推进特色小镇和特色小城镇建设的若干意见》，明确了特色小镇建设的独特性要求和导向性正确；二是电影市场资源的有效利用。建设电影特色小镇，将优质的影视IP产业化，推动影视文旅产业的发展，优质IP资源得到有效利用；三是华谊丰富的IP资源。华谊兄弟建设特色小镇走的是轻资产化路线，即使与当地房企进行合作，也能为项目注入IP元素，获得的投资回报会更稳健。

近年来，华谊兄弟通过电影小镇项目，打造了集休闲娱乐、电影主题展览、影片场景植入、儿童教育培训、餐饮购物等多元电影空间为一体的消费体验模式。从本质上来看，电影小镇是华谊兄弟平台化发展的线下模式。通过"传承经典文化、还原电影场景、融入多元体验"的理念，电影小镇为华谊兄弟的IP资源提供了一个集中展示的平台，延长了电影IP的价值链。业内人士认为，实景娱乐业务具备规模效应、高人流量、延展业态丰富等特点，基于华谊兄弟的大娱乐全产业链布局，实景娱乐可作为影视IP最大的衍生品，也可作为影视作品的拍摄地，同时还可作为线下入口为线上导流，进而为各板块业务间提供更多联动，形成协同效应，共享生态红利。

华谊兄弟电影世界（苏州）作为华谊兄弟实景娱乐的旗舰项目、国内首创电影IP浸入式实景娱乐体验项目，园区内汇集了《非诚勿扰》《太极》《集结号》和《狄仁杰之通天帝国》等七部华谊兄弟的优质电影IP，分为星光大道、非诚勿扰、集结号、太极和通天帝国五大主题区。王中军表示，"七年前，华谊兄弟开始涉足实景娱乐，成为国内第一家布局这一领域的影视公司。如今第一个电影主题公园苏州电影世界迎来开园，这不仅代表华谊兄弟的业务发展进入了新阶段，也意味着中国文旅产业融合迈入了新纪元。电影世界不仅可以成为苏州城市推广的一张文化名片，同时也将对带动区域经济发展产生积极影响"。公司实景娱乐已开业项目还包括海南观澜湖华谊冯小刚电影公社、华谊兄弟（长沙）电影小镇。2019年有2~3个项目陆续开业。

五、"VR、粉丝经济、多屏联动、游戏"共生扭转，打造互联网娱乐精品

华谊兄弟的互联网娱乐板块起步于2010年，以入股掌趣科技作为开端，互联网游戏是最早进入的领域。2012年，华谊兄弟作为第二大股东的掌趣科

技成功上市，成为 A 股第一家上市手游公司，同时也宣告了手游行业黄金时代的到来。自此，华谊兄弟在互联网娱乐板块的布局也日益清晰和完整。在这条道路上，华谊兄弟携手互联网，努力实现 VR、粉丝经济、多屏联动、游戏四大业务多点开花。王中磊指出，"无论是二次元、手游、电竞、粉丝经济，还是网剧、网络大电影，都在华谊兄弟的生态体系之内同时孵化着，而且都做好了在更多娱乐产品形态之间转换的所有准备"。

VR 技术新布局

VR 技术正以新颖的虚实视觉和体验的结合一步步实现着对传统制作模式的重构、对电影欣赏逻辑的颠覆。面临全球电影工业数字化转型所带来的变化，华谊兄弟率先进行了一系列相关布局与尝试。

与国外先进技术与内容提供商业合作探索新型数字化作品。比如在上海国际电影节"成龙动作电影周"单元上，由华谊兄弟与美国 STX 合作投资发行的影片《硬核亨利》与国内观众首次见面，这是历史上第一部以第一人称视角制作的动作电影。该片除了片头片尾的字幕段落以外，全部采用 POV 镜头，并在第 40 届多伦多电影节"午夜疯狂单元"中获奖。

对创新拍摄与视觉技术进行预见性投资。比如华谊兄弟参与投资的 Lytro 公司提出一种光场摄影技术，这意味着电影制作者摆脱传统现场取景的限制、通过虚拟化现场摄影元素进行的后期制作，瞬间替换、人物提取等功能已不再是什么难事。可以说，华谊兄弟与 Lytro 公司的合作不仅得到了影视制作硬件支持，而且获得了整套制作系统，外加服务器和软件支持的综合性解决方案。

致力于将 VR 技术实践至更广泛的大娱乐生态中。比如 2018 年以众多知名电影 IP 为主题打造的华谊兄弟电影世界（苏州）开业，游客们可以体验到以电影《集结号》IP 为蓝本，世界首例 VR 技术打造沉浸式虚拟骑乘（VR Ride）项目，游客乘坐骑乘座椅随着轨道运动，身临其境地模拟电影中坦克在战场上前进突击。华谊兄弟将旗下优质 IP 与 VR 技术加以联动结合，引领影视试听娱乐和沉浸式实景娱乐体验进入崭新的层面。

粉丝经济和多屏联动新模式

粉丝经济和多屏联动是华谊兄弟旗下控股子公司华谊创星的主营业务。经过对"互联网+娱乐"多年的探索，华谊创星构建了以明星为聚落的粉丝生态群，形成内容、明星 IP 双核驱动的商业模式，通过"范围经济"链接 PC 端、移动端、智能电视端，形成多屏整合运营业务，粉丝经济生态圈基本构建完成。目前的产品矩阵拥有数亿的用户基础，潜力巨大。

华谊创星的主打产品，即和腾讯手机 QQ 合作的国内首款星粉互动产品"星影联盟"。数据统计显示，最新的用户数已经达到 1.8 亿，这将助力华谊兄弟的粉丝经济健康持续发展。华谊与腾讯的强强联合，将华谊电影 IP 与腾讯文学、游戏 IP 的相互优先合作，实现华谊和腾讯 IP 内容的共通，促进华谊和腾讯携手共建互联娱乐网生态圈。

电影游戏联动新市场

2015 年 12 月 20 日，华谊表示将向英雄互娱及旗下《全民枪战》授权使用《老炮儿》的素材，进行影游联合推广。《全民枪战》的卡机屏、海报、宣传，甚至游戏里面都将会出现《老炮儿》的素材。2016 年，华谊兄弟入股电竞市场领军企业英雄互娱并成为其第二大股东，打通了从游戏制作、游戏发行到电子竞技赛事的完整链条。王中军表示，游戏既可以视为电影的衍生品，又可视为新的内容制造。它的创意模式、营销模式和电影非常接近。通过强强联合，在娱乐元素与用户之间进行了有效链接，不仅获得了丰厚的投资回报，更为华谊兄弟在互联网娱乐领域的资源整合提供了更多可能，同时也为进一步丰富内容储备创造了更大的思路。无论如何，影游结合都将有利于落实华谊的大娱乐战略，共同布局互联网娱乐业务。

六、多战略布局，打造"全娱乐创新工厂"

2018 年，华谊兄弟传媒股份有限公司成为国内首家入选"新华社民族品牌工程"的影视企业。同时，华谊兄弟还荣获由国家商务部、中宣部、财政部、文化部、新闻出版广电总局联合发布的"2017～2018 年度国家文化出口重点企业和重点项目"称号以及第 23 届华鼎奖"最佳制作机构"奖项。华谊兄弟秉持三大发展战略：强内核战略、国际化战略、大娱乐生态圈战略，以"提供优质娱乐内容"为核心，全力打造中国首屈一指的"全娱乐创新工厂"，致力于成长为中国血统的世界级娱乐集团，将精彩的娱乐内容和产品呈现给全球受众。

"强内核战略"主要是依托华谊兄弟近些年来积累的优质 IP 资源，立足华谊影视娱乐板块，在动画大电影、控股参股独立制片、签约导演原创电影、海外电影合作、明星驱动 IP 等五个方面强化公司影视娱乐内容，不断给公司内核发展注入强心剂。

华谊兄弟的"国际化战略"主要依托于重大国际项目的单片合作、与海外优秀制片方建立长期稳定的战略合作、搭建自主的国际资源整合平台三种运作模式，三线并行，稳步推进，扩大中国电影在世界的影响力。

"大娱乐生态圈"战略是基于四大板块建立的平台化运营逻辑。一方面，在内部完善板块联动。影视娱乐的优质内容向线上流转，可以衍生为游戏、网剧、网络大电影、粉丝经济等产品；向线下流转，可以得到旅游小镇、主题公园等实景娱乐衍生品；同时，这些产品的利润和影响力可以反哺内容生产。另一方面，作为开放平台，要有能接纳全形态娱乐内容的能力，无论小说、游戏、网剧、动漫都可顺畅导入，并且完成各种形态的转换与增值，实现 IP 价值最大化。2014 年，阿里巴巴、腾讯公司、中国平安宣布入股华谊，成为华谊兄弟突破行业边界限制的强大后盾。

资料来源

［1］毕媛媛：《华谊兄弟创始人、CEO 王中磊：对于影视公司来说，内容肯定是命脉》，《每日经济新闻》，2019 年 6 月 19 日，第 08 版。

［2］徐维维、韩悦：《IP 泛娱乐探索：华谊兄弟搭建工业化体系掘金"非票"市场》，《21 世纪经济报道》，2017 年 10 月 20 日，第 11 版。

［3］李晓红：《华谊兄弟加速布局大生态娱乐圈》，《中国经济时报》，2018 年 7 月 24 日，A06 版。

［4］刘钊：《华谊兄弟入股美国 Lytro 公司布局海外 VR 产业》，《证券时报》，2017 年 2 月 18 日，第 A007 版。

［5］王鹤翔：《华谊兄弟品牌战略研究》，《现代商贸工业》2019 年第 5 期。

 经验借鉴

作为中国影视行业的领军者和带头人，华谊兄弟不改初心、不断创新，积极探索大娱乐生态下传统影视企业由单一的电影业务发展到综合性娱乐集团的生存之道，影视娱乐、品牌授权与实景娱乐、互联网娱乐三大业务板块成绩斐然。华谊兄弟构建综合性娱乐集团的主要经验有以下几点：①不忘初心，把打造优质内容作为业务根基。激励人才创作和精品IP储备开发，稳住持续的片端储备率，巩固内容端的传统优势。②开创自己的影院品牌，投资设立电影发行公司。一家综合性的影视公司不仅要关注电影品质，也要对包括电影发行和放映的其他领域有清晰的战略认识，形成体系化的电影全产业链布局。③打造特色IP，加强开发衍生品和品牌授权。IP模式在扩大内容传播媒介、延长内容生命周期、丰富内容表现方式、提升内容品牌溢价方面均具备潜力优势，因此抢占优质IP成为当下影视公司战略布局中不可或缺的一环。同时，成立专门的团队，从衍生品的调性和气质确定到商家的选择和授权，深度挖掘，认真设计，形成一套完整流程和体系，主要包括主题公园、文学、动漫、网生内容、游戏、线下体验等泛娱乐内容的开发以及玩具、服装和快消等消费品的开发。④打造实景娱乐，要以IP为基础，文化为核心，学习国际范例。要有文化情怀，运用IP价值，创造需求；需要用科技和技术的手段把文化展现出来；需要有理解市场的能力，知道不同市场的消费能力和偏好；需要构建一种合理的商业模式，通过线上线下的联动产生空间影响，让线上的幻想在线下形成体验；高水平的执行和管控，把人员管理好、项目运营好非常重要；最后，是对接金融资本的能力。⑤打造电影小镇，要跟紧国家政策导向，积极适应市场大环境变化。切实贯彻国家倡导特色小镇建设独特性和导向型的要求，同时要注重特色产业培育和严防小镇建设房地产化。⑥积极推进"互联网+娱乐"，提早布局和尝试先进科技。华谊兄弟对虚拟现实技术等国内外前沿技术有预见性的判断：在传统的电影制作中，引进创新拍摄和视觉技术，积极探索新型数字化作品；然而在娱乐应用场景方面，"V观世界体验店"和沉浸式主题乐园则增强了和消费者的互动、强化了身临其境式体验。当今娱乐市场已经和互联网紧密结合在一起，互联网带来了极为庞大的消费者数量和更具影响力的平台媒介，内容、明星IP双核驱动的商业模式业已成熟，先进的大数据技术则使企业进一步了解消费者的消费习惯和审美偏好。

本节启发思考题

1. 在娱乐大众化的时代下，如何做到在保证电影质量的前提下，创造票房纪录？
2. 在影视商业化的浪潮中，如何在艺术和商业之间找到平衡？
3. 如何对影视IP的衍生品价值进行深度挖掘，拓展品牌授权业务？

4. 何种 IP 能够作为实景娱乐项目的开发源？

5. 电影小镇如何带给游客浸入式的享受？

6. 实景娱乐项目如何既能彰显原创电影 IP 的主题特色又融合当地文化特色？

7. 传统影视企业如何利用 VR 技术等新兴科技吸引互联网时代的消费者？

8. 传统影视可以通过哪些业务融入互联网市场？

互联网游戏服务与科技融合：
杭州电魂网络科技股份有限公司案例

 ## 公司简介

　　杭州电魂网络科技股份有限公司（以下简称"电魂网络"）成立于2008年，是一家致力于研发、运营精品化网络游戏的互联网公司，在产品的研发上有丰富的经验，对游戏制作有深刻认识和独特见解。电魂网络秉持"铸就游戏之魂"，通过高效的游戏开发体系、精准的游戏推广方案，以竞技类网络游戏为特色产品，已发展成为集创意策划、美术设计、技术研发、产品开发、游戏推广、运营维护、海外合作于一体的游戏开发商、运营商。电魂网络于2016年10月26日正式在A股上市，注册用户达1.7亿人，曾被授予中国十大游戏研发商、浙江省著名商标、杭州市企业高新技术研发中心等多项荣誉称号。目前，公司在端游、手游、VR、漫画等领域覆盖多款产品，知名游戏包括《梦三国》《梦塔防》《攻战魏蜀吴》《光影对决》《瞳：祈愿》《净界之涤》等数十款，并在中国大陆、中国香港、中国台湾、泰国、马来西亚、新加坡、越南、韩国、菲律宾、印度尼西亚、澳大利亚、北美、中东等国家和地区布局，迈向国际化发展舞台。

案例梗概

1. 杭州电魂网络科技股份有限公司创新国风 MOBA 端游，领跑中国电竞游戏领域。
2. 自主研发轻量级和武侠风手游，丰富游戏产品品类，转变三平台覆盖发展模式。
3. 开办电子竞技专业联赛，深入广大玩家群体，持续为玩家打造电竞生态。
4. 注重 5G 等新技术投入研发，加快运营平台建设，迎接云游戏时代。
5. 推动游戏产品本地化，帮助游戏产业"走出去"，开拓海外游戏业务版图。
6. 耕耘游戏内容精细化，储存原创中国文化 IP，助推"中国游戏大航海"。
7. 设立专门公益中心，积极承担社会责任，形成良性互动产业链。
8. 强化数字内容服务创新，构建互动娱乐大产业链，打造"文化创意产业"航母。

关键词：电竞游戏；移动手游；MPL；5G 新技术；游戏本地化；内容精细化

　　案例全文

　　电子游戏又称电玩游戏（简称电玩），是指所有依托于电子设备平台而运行的交互游戏。根据运行媒介的不同主要分为五类：主机游戏（狭义的，此处专指家用机游戏）、掌机游戏、街机游戏、电脑游戏及手机游戏。完善的电子游戏在 20 世纪末出现，它改变了人类进行游戏的行为方式和对游戏一词的定义，属于一种随科技发展而诞生的文化活动。而随着科技的进步与艺术的变形，被称作"第九艺术"的电子游戏在当代已经不仅仅是一种消遣娱乐方式，其在文化、管理、技术等广泛方面，更是为人类提供了一种认识社会生活的全新方式。

　　如今的游戏产业风云变幻。不论是市场的差异化和垂直化，还是游戏版号发放数量的下降和政策监管的加强，游戏工业化正在成为我国游戏产业发展的主要动力。精品游戏内容的研发和向海外输出文化对我国的游戏企业发展提出了新的要求。面对中国游戏市场多种新态势，电魂网络长久以来秉持着"专注研发精品游戏"的理念，坚持以技术为基础、以品质求发展，着力为玩家带来精品游戏。从端游时代到手游时代，从最初的《梦三国》，到现在拥有《野蛮人大作战》《瞳：祈愿》《我的侠客》《光影对决》《梦塔防手游》等多款极具竞争力的产品，电魂网络保持初心、拥抱变化、守正出奇，在"自主创新和研发发行"和"海外代理和运行发行"等项目上加强力度，坚持以数字内容服务加强科技融合，拓宽业内合作，积极承担社会责任，努力推动电子游戏产业的发展。

一、电魂网络十年创新发展成绩斐然

　　中国网络游戏产业目前已经成为泛娱乐行业最炙手可热的领域之一，而电魂网络就是其中的领先者。伴随着多款产品的重磅出击，电魂网络先后获得了"浙江省高新技术企业研究开发中心""国家规划布局内重点软件企业""优秀文化创意企业""最佳网络电子竞技游戏""中国游戏风云榜十大最受欢迎网络游戏""中国互联网风云榜年度最受欢迎十大网游""杭州市动漫游戏协会年度优秀创锐动漫企业""2016 年浙江省重点文化企业""2017 年全国电子信息行业创新企业"等近百项荣誉称号。

在"内容为王"的时代，作为一家游戏行业的明星上市公司，电魂网络自成立起就坚持自主创新、勇于探索、认真实践。一方面，电魂网络不断努力，研发出了一系列题材新颖、内容丰富、技术过硬的网络游戏产品，提升了公司市场份额；另一方面，电魂跨平台发展，前瞻性地布局竞技类移动端游戏，为发展增加新动力。

端游时代的崛起

在电魂网络刚刚创立的 2008 年，竞技类游戏基本都是代理国外的产品，比如《穿越火线》。电魂网络的电脑端游戏《梦三国》则是国内首款多人在线战术竞技游戏（Multiplayer Online Battle Arena，MOBA）产品，而选取具有广泛文化基础的三国进行研发的电魂网络也是国内最早提倡"民族文化，国风竞技"这一概念的游戏公司之一。

《梦三国》以对战为主，借鉴了魔兽 RPG 地图 Dota 的主要特色并应用于三国之间的对抗中，采用纯 3D 表现形式，人物模型精简，场景协调，技能效果华丽。玩家可以在游戏中搜集不同的英雄卡，参与各种竞技场的挑战，通过团队、国家的配合以及个人的操作意识来击败对手，取得最终胜利。自2010 年上线至今，《梦三国》已持续运营十余年，目前总注册用户已超过 1亿个，最高同时在线人数突破 54 万人。从创新式的 RPG 副本模式、10VS. 10官渡之战模式到 5VS. 5VS. 5 三国志大战模式，《梦三国》从诞生伊始便在不断地挑战自我，而这离不开电魂人骨子里的创新意识。

创新是一款游戏的血液。单品依赖和生命周期是所有数字内容服务企业都绕不开的话题。"网络游戏有不同的生命周期。但相对于手游，端游产品的生命周期更长，而电竞类游戏可以有新的玩法和模式推出，来保证源源不断的生命力。"电魂网络董事长兼总经理胡建平举例说，《魔兽争霸》《传奇》等游戏上线已经有十多年甚至二十多年，但依靠多样的玩法和不断的后续开发至今仍保持着很强的生命力和盈利能力。可以说，国内"《梦三国》的成功也绝不是偶然和运气，而是团队长期努力、不断打磨的结果，靠的是天时地利人和"。胡建平表示，2008 年，他与其他创始人创立公司时，国内的游戏产值大概只有 300 亿元，后续在产品研发过程中遭遇了各种各样的问题，最终咬牙坚持了下来，使电魂网络成为国内电竞游戏领域的领头羊。1972 年出生、原本从事建筑产业的胡建平，也从一个与游戏绝缘的人，变成了公司的"首席内测玩家"。

手游时代的爆发

创新是文化产业高质量发展的核心要义，在迭代升级速度较快的数字文化领域，创新能力成为推动产业发展的首要动能。2015 年以来，我国 PC 客户端游戏和 PC 网页游戏市场份额整体呈逐年下降态势，新兴移动游戏整体市场份额呈逐年增长态势。无论是市场规模还是玩家数量，手游毫无疑问已经成为中国未来游戏产业发展最重要的组成部分。在大环境的倒逼下，电魂网络也在加速转型，以电脑端游戏为基础逐步向移动端游戏延伸。

一直以来，《梦三国》系列主要是作为一款端游获得了用户和市场的认可，着力于 IP 生态布局的电魂网络，也在手游端发力。《梦三国手游》并非只是简单地添加 RPG（角色扮演游戏）要素，而是构建了完整且丰富的副本地图，相应的装备、养成、BOSS 设计非常完善，让玩家能够体验完整的副本挑战玩法。组队刷副本的 RPG 玩法，极大地扩充了游戏的可玩性，游戏为 RPG 模式提供了独立的成长系统，在不影响竞技玩法的前提下，为新老玩家提供了额外的玩法选择。完成度极高的双类型综合玩法是区别于同品类游戏的最大亮点。

创意浪潮也冲击着独具中国传统文化特色的复古手游。2020 年 11 月，由电魂网络开发、腾讯极光计划发行的高自由度武侠沙盒 RPG 手游《我的侠客》上线，当日即位列免费榜首位。玩家所扮演的主角可自由地在水墨风的江湖世界中行走闯荡，享受单机沉浸式体验。同年，电魂网络携带《我的侠客》参加中国游戏产业最为权威的评选活动——2020 年度优秀游戏评选大赛（第十五届金翎奖），荣获"最佳原创移动游戏"奖。

在自主研发追求创新之外，电魂网络也开始尝试从漫画、文字领域挖掘好的作品来改编成游戏，布局了 H5 游戏及主机、单机游戏等游戏领域。其中，IO 类游戏和 H5 游戏以操作规则简单、玩法趣味性强等特点，在国内外颇受欢迎。2017 年 7 月，电魂网络旗下 BBQ 工作室自主研发的近身对抗 IO 类型手游《野蛮人大作战》在全球应用商店同步上线。这是一款像素风独立竞技游戏，开创了新的 3VS.3VS.3 的玩法。《野蛮人大作战》的成功依托于电魂多年以来对于竞技类产品的开发经验并结合游戏品类的轻量级特性。随后，在 2018 年第二季度，电魂网络 IO 类像素风休闲对战游戏的全新产品

《野蛮人大作战 H5》面市，使自创 IP 的继续开发上了一个新的台阶。

专业联赛的创立

2009 年，国内某高校创立了第一个高校电竞专业，电竞业的蓬勃呼之欲出，但彼时的中国游戏市场放眼望去，竟没有一款属于中国人自己的竞技游戏。在当时的情况下，电魂网络自主研发的《梦三国》正式诞生。2012 年，电魂娱乐星赛季登场。赛事消息一经报道便引起了国内电子竞技的新热潮，横跨全国的线下赛事范围。与《英雄联盟》《王者荣耀》不同，《梦三国》电竞赛事选择"下沉市场"，主要源于更低的成本，更易培养游戏的外围用户，以及更高规格的地方资源支持。对于电魂网络而言，面向核心玩家的运营和赛事活动，有着极为重要的战略意义。而对于线下观赛资源并不丰富的玩家而言，此类赛事的存在，或许就是他们现阶段为数不多近距离接触电竞、了解新兴主流文化的主要机会。

2015 年，电魂网络更是为《梦三国》IP 成立了专业的职业联赛——MPL。MPL 是囊括《梦三国 2》游戏内顶尖的 8 支职业战队而进行的国风赛事；每年共有"夏季赛、秋季赛"两个赛季，每赛季下设"常规赛、季后赛与升降级赛"；常规赛为线上循环赛，最终排名前 4 的职业战队将进入季后赛；季后赛为线下淘汰赛，4 支常规赛晋级的职业战队汇聚线下，争夺最终的冠军王者之位；升降级赛为当前赛季末位战队与职业选拔赛的佼佼者进行的晋升与降级赛事。整个流程具有非常标准和国际化的考核，是为数不多的标准电子竞技规范。

5G 等新技术的融合

2020 年是 5G 的商用元年，5G 与云游戏等新技术为游戏产业带来更多的赋能，随着 AR/VR 世代设备平台的普及，"5G+AI""5G+AR/VR"将会激发新电竞热潮。属于游戏新时代的大幕正在徐徐拉开。在即将到来的云游戏时代，内容将不会再受终端设备的束缚，游戏分发渠道将变得多元化，门槛也会变低，应用商店的作用将相对弱化，游戏成为即时可得的服务。云游戏服务器将经渲染处理的游戏画面压缩后直接传送给玩家，无须下载安装、在线即开即玩。同时云服务还可以降低维护成本，并帮助游戏快速上线、扩展，优势明显。此外，5G 网络具备高速率、大容量、低延时的特征，也将使竞技游戏具备更好的体验。

近几年，中国客户端游戏已逐渐步入成熟期，进入了存量竞争阶段。同时，作为文化创意产业的重要组成部分，网络游戏也正在和电影、电视、音乐等传统文化娱乐产业不断融合。未来，优秀的作品能够更容易传播和触及到用户，围绕优质游戏内容的竞争注定将更加激烈。而中国移动游戏市场规模快速上升，目前已占整体游戏市场份额的60%以上。作为"高新技术企业"及"国家规划布局内重点软件企业"，依靠技术研发优势，电魂网络已经成为国内网络游戏行业内具备较强自主研发能力和运营能力的优秀企业。因此，电魂网络一边自研《梦塔防手游》、二次元游戏《X2 解神者》、武侠类游戏《我的侠客》等不同品类游戏，一边通过并购游动网络股权，加速手游方面的布局。

为了保持不掉队，电魂网络对研发一直很重视。2019 年，电魂网络研发人员 486 人，占公司总人数的 52.26%，累计投入研发费用 1.17 亿元，占营业收入的 16.83%，同比增加 21.67%。此前公司的研发费用占营业收入比重更是连续四年保持在 20%以上。目前电魂网络掌握游戏引擎技术、服务器软件技术、直播观看技术、同步验证技术、数据库缓存技术、即时战略同步技术等多项网络游戏开发运营的核心技术。

电魂网络也依靠自身研发的新技术频频布局 H5 游戏、VR 游戏、单机游戏、漫画和电竞赛事等领域，其中以《瞳：祈愿》为代表的多款 VR 游戏已顺利完成研发。虽然相比世纪华通、三七互娱、完美世界等头部游戏上市公司，电魂网络在研发费用和研发人员量级上都逊色不少，但从研发费用和研发人数比重上都能看出电魂网络对研发的重视。在已披露年报的 A 股游戏上市公司中，电魂网络研发费用占营收比重排在第四位，研发人数占比排在第七位。2021 年 2 月 1 日，电魂网络科技（厦门）有限公司成立，由电魂网络（603258）100%控股，经营范围包含：自然科学研究和试验发展、软件开发、动漫游戏开发、互联网信息服务、网络文化经营、技术进出口、互联网直播服务等。

在产品同质化严重的情况下，电魂网络依靠自己出色的研发实力成为一个破壁者，而不是追随者。电魂网络计划继续向网页游戏和手游方向拓展，形成三个平台的全覆盖发展模式，改善产品单一的格局，进一步改善产品线。电魂网络持续研发新游戏，多样化发展游戏产品；加快运营平台建设，提升运营能力，吸引优秀游戏产品入驻，筑巢引凤，丰富游戏来源。其中在移动端方面，电魂网络自主研发的其他系列手游产品包括《光影对决》《攻战魏蜀吴》和《梦梦爱三国》等，也早已陆续上线，在产品研发、游戏玩法和用户体验上都有很大突破。

二、文化出海之路任重道远

随着社会的不断发展和进步，我国的硬实力在全球范围内已经具备了不可忽视的影响力。但作为四大文明古国之一，拥有海量"IP"的中国文化，在出海的征程上却只是刚刚起步。在疫情影响和国际环境变化中，中国逐步形成"以国内大循环为主体、国内国际双循环相互促进"的新发展格局，而游戏出海成为产业的重要方向。为谋求更宽广的市场发展空间、解锁全球化发行业务，电魂网络通过建立行业领先的技术研发中心、建设本地化运营平台，以游戏的方式向全世界展示和输出中国文化。

游戏产品的本地化

2016 年 12 月 7 日，《不思议迷宫》正式上线 App Store，经过短时间的名次攀升之后便保持在付费榜前列，其中电魂网络发行的韩语版已经登顶免费榜。作为一款将 Roguelike 类策略玩法与 RPG 养成相结合的手游，《不思议迷宫》获得了评论区一边倒的好评，至今累计收到超过 10 万条评论，总评五星。实践表明，在海外市场取得胜利的关键就在于游戏产品本身的本地化。除此之外，产品还需要实现语言本地化、玩法本地化、付费方式本地化以及社交方式本地化等。

冲锋在前的是游戏语言本地化。电魂网络启用海外资深的韩语翻译团队耗时长达 5 个月才完成了全部工作。因为《不思议迷宫》本身是一款对语言要求非常高的游戏，而游戏里语言是支撑游戏核心玩法的重要因素。游戏的文字量非常大，加之中国与韩国文化差异明显，更是增加了本地化难度。在这过程当中，电魂网络反复与研发商沟通，并尝试为韩国玩家定制他们所理解的"梗"。游戏上线后，玩家对本地化的反馈非常不错，从而又促进了运营团队和当地玩家的亲密度。

运营本地化是增强用户黏性的重要手段。由于大部分游戏在韩国市场的生命周期都比较短，为了维护好游戏的口碑、营造良好的游戏玩家氛围，电魂网络也投入了大量的时间和精力，组建了由韩国人员组成的多人客服和社区运营团队。该团队需要对玩家的反馈做到实时处理、从核心玩家内部进行舆论发酵来促进游戏氛围的养成。在这些外部因素的加持之下，韩语版《不思议迷宫》次日留存率高于 60%。

电魂网络还及时进行市场导量和宣传。《不思议迷宫》原计划上线时间是 6 月 20 日，当日刚好也是韩国热门 IP 手游《天堂 M》的上线时间。很多游戏都为了避开《天堂 M》调整了上线计划，延期数星期到一个月的都有，电魂海外市场和运营人员经过反复讨论和市场推演之后决定延期两天上线。瞄准的是那批进入《天堂 M》后流失的玩家。此外在《不思议迷宫》上线前到上线后的前期冲刺阶段，电魂网络通过使用多个韩国当地红人进行视频演示、游戏直播，上线前各大韩国主流游戏媒体进行持续曝光。

此外，电魂网络也积极和世界各地的游戏同行进行交流合作。2017 年，电魂网络首次参加世界三大互动娱乐展会之一的德国科隆游戏展，携旗下自研产品《梦三国》《梦塔防》《野蛮人大作战》及代理产品《星盟冲突》进行展出，并与来自欧洲的研发团队及同行进行交流。同年，电魂网络还受邀参加了芬兰贸易协会组织（Finpro）的赫尔辛基—杭州游戏行业对接会。在会上，电魂网络为数十家芬兰知名游戏研发商及行业相关企业展示《梦三国》等产品及电魂电竞产业，并与多家芬兰研发商进行产品合作及投资相关商务接洽，扩大国际布局。目前，电魂网络在海外已经建立了一套海外游戏接入、数据调优、用户运营、市场导量的完整机制。《不思议迷宫》在韩国发行，正是电魂网络在全球化发行上打响的出海第一枪。

游戏内容的精细化

在第十四届中国国际动漫节的动漫产业高峰论坛上，电魂网络董事长胡建平代表中国动漫游戏行业，登上了中央电视台的《对话》栏目。这一次栏目访谈的主题为"中国动漫大航海"，而中国的本土文化想要通过动漫的形式走出国门，得到世界的认同，其实并不容易。游戏"出海"过程并非一帆风顺。早在 2012 年，电魂网络旗下产品《梦三国》在越南发行并成为该国的国民级网游，成功以游戏的形式向东南亚输出了我国的"三国"文化。然而在发行初期，《梦三国》仍然经历了被要求改名的插曲，同时电魂网络在海外发行的其他产品也相继经历了被要求改名、修改角色外貌等曲折事件。

当下，游戏与中国传统文化的融合，正成为绽放文化魅力、释放文化活力的重要形式。如何坚持正确的价值引领，持续生产高质量、易接受的文化产品，成为中国游戏行业"出海"途中都在深度思考和努力实践的问题。调研显示，欧美游戏市场偏好格斗类的重型游戏，东南亚游戏市场青睐具有华语文化背景的游戏，日本游戏市场则深受二次元文化的影响。全球游戏市场的多样性和复杂性表明，游戏出海想"一招鲜、吃遍天"很难。只有精细化、高质量的内容，加上发行商的助力，才可以帮助中国的游戏产品更好地"走出去"。胡建平将这种情况归纳为：他们（海外）认可我们的技术研发实力，也认可我们讲故事的方式，但中国文化在海外普及程度还很低，需要做大量的"对症下药"工作才能适应当地市场。

中国拥有充足的文化底蕴和丰富的文化IP，这正是电魂网络夯实的基础。而现阶段电魂网络需要做的是，发掘传统文化里面的正能量，把传统文化里面精彩的东西和正能量的东西更好地呈现出来，重新进行国际化、精品化创作。为此，电魂网络后续还会围绕《梦三国》打造系列动画和漫画，持续深挖《梦三国》品牌影响力。

政府政策的支持

如今的动漫和游戏市场规模日益庞大，但电魂网络的出海仍然只是一艘小船，电魂网络紧跟国家文化输出和软实力输出的这条大船，肩负这一代动漫人的责任，成为第一批航路的开拓者。2017年，杭州市推出鼓励动漫游戏产业做优做强的18条动漫新政，首次按照新政策进行扶持资金的兑付。颁布的新政对于动漫游戏企业而言，不仅带来了实打实的支持，更建立了杭州市动漫游戏产业风险补偿基金和杭州市文创产业投资引导基金动漫游戏专项，电魂网络就尝到了新政带来的甜头。

以新政为契机，2018年电魂网络进一步加快了海外市场业务布局，以公司现有产品全球化商务合作为重点，稳步推进境外游戏发行，向海外输出更多优秀游戏产品和传统中国文化。电魂网络独家代理的《召唤与合成》、单机游戏《元能失控》和主机游戏"Genesis"都在海外上线。可以说，新政的实施进一步加快了电魂出海的步伐和与国际知名品牌合作的进程。2019年，电魂旗下《梦三国》端游和《不思议迷宫》手游更是入选国家年度"一带一路"文化产业和旅游产业国际合作重点项目。截至2020年底，电魂网络的海外业务部共开拓全球新市场近百个（国家和地区），新增海外用户达2000万名。其中，2017年12月，电魂网络的自研产品《野蛮人大作战》全球上线，获得了苹果267次全球推荐，谷歌连续3周官方力荐，全球累计下载量约3000万次。

三、社会责任企业的一份担当

面对目前网络游戏行业发展的局面，电魂网络不仅仅为社会提供众多的精神文化产品，还第一时间致力于公益事业。电魂网络力图切实履行各项部门规章和行业纪律，同时向消费者有效地传达健康的人生观、价值观，并积极传递文化价值理念，切实配合政府，寓教于乐，形成一条良性互动的网游产业链。2011 年，电魂网络开启公益之路，在短短几年内连续参与"锦麟乡村读书计划""E 农计划""暖流计划公益基金"等公益项目，以实际行动承担社会责任。

（1）浙江省锦麟公益基金会。作为电魂网络公益事业起步的第一个项目，基金会持续地为不同年龄段的贫困学子提供帮助，每半年会为贵州的孩子们拨款，资助他们上学。2011 年，胡建平就开始对贵州山区部分孩子进行学费、生活费的资助，2016 年 6 月，电魂网络正式携手中华社会救助基金会——浙江省锦麟公益基金会，帮助贵州贫困山区纳雍县锅圈岩乡土埠小学等学生完成学业。

（2）会飞的盒子。随着农村城镇化，农村小学的生源越来越少，很多省市都进行了"撤点并校"，超过 60% 的农村学生开始了住校生涯。然而学校没有宿舍或者条件简陋严重影响了孩子们的健康成长。有的学校因安全、卫生等问题不提供宿舍，很多孩子要走很远的路去上学。路途的遥远、简略的宿舍成为了孩子们安心上学最大的阻碍。电魂网络与著名公益人邓飞联合教育界、建筑界和中国青少年发展基金会共同发起"会飞的盒子"公益项目，旨在为贫困地区上学路途异常遥远的中小学生提供可移动、智能的模块化宿舍。公司出资 60 万元善款，在高寒贫困地区武汉巴东县大支坪镇耀英坪小学建造了会飞的盒子 002 号，让贫困地区住校的孩子有一个温暖的生活和学习的地方。

（3）E 农计划。2015 年，电魂网络加入了"E 农计划"，以"授人予渔"的方式从根本上提高了农民的收入。为了能让农村留守儿童有一个团圆的家，在父母的陪伴下健康快乐地成长，电魂网络以采购乡村农产品的方式，让乡村农产品实现良性循环。

（4）暖流计划。2016 年 12 月，电魂网络携手著名公益人邓飞联合中国社会福利基金会暖流计划公益基金合作扶贫项目"暖流计划"，致力于帮助贫困山区学童募集基本的生活、学习物资，助力学习资金。公司出资 60 余万元采购 2000 套温暖包（羽绒服、围巾、鞋子、手电筒等），帮助贫困学生度过寒冷的冬天。2017 年 11 月，再度携手"暖流计划"开启"情暖黔州公益活动"，为贵州山区儿童采购 2000 套温暖包，采购金额逾 60 万元。

（5）2018 年，电魂网络的公益事业迎来了新起点——浙江省电魂公益中心成立。浙江省电魂公益中心（以下简称"电魂公益"）成立后落地的第一个项目携手心唤醒以及浙江广电、杭州妇联、滨江消防等单位，将 25 台自动体外心脏除颤器（AED）投放在杭州多个人流密集的公共场所，希望让杭州这座美丽的城市多一些安全、多一份保障。此外，电魂公益还给每个投放点的志愿者们安排了急救技能培训，部分志愿者在考核通过后还可以获得由美国心脏协会颁发的急救员证书，希望通过向群众宣传普及心肺复苏急救知识，让更多的人一起为杭州的城市安全护航。

为了回馈社会各界对电魂网络的支持，电魂网络主动投身公益事业，用至今为止十年的努力积极履行社会责任。截至 2020 年 6 月，电魂公益持续为教育助学、地区扶贫、医疗知识传播等项目助力，投入 700 多万元资金，以实际行动去帮助更多有需要的人。

电魂网络立足游戏产业，本着"电魂出品、必属精品"的理念，强化数字内容服务，推出更多正能量的优秀网络游戏产品，持续更新公司的技术储备，提升公司的运营管理能力，开拓海外市场。以游戏产业为平台，全面构建包括网络游戏、电竞直播、VR 虚拟现实设备及内容、主机市场等在内的互动娱乐大产业链，实现电魂跨越式发展目标，促进数字内容服务与科技融合。最终将电魂网络打造成为一个以文创为核心，集互动娱乐、金融、文化、旅游等为一体的"文化创意产业"航母。

资料来源

［1］李华峰：《自主创新　十年铸剑——杭州电魂科技股份有限公司的探索与实践之路》，《传媒》2018 年第 10 期。

［2］沈伟民：《陈芳：十年 MOBA 风暴源》，《经理人》2019 年第 8 期。

［3］吴正懿：《锁定泛娱乐　电魂实施多元化布局》，《上海证券报》2017 年 2 月 9 日，第 6 版。

［4］龚晓怡：《电魂：中国游戏敲开海外市场的大门》，《杭州日报》2018 年 1 月 10 日，第 A23 版。

［5］李烨池：《快公益基金联合会爱心企业启动"心动中国"项目》，《都市快报》2018 年 6 月 11 日，第 A13 版：快公益。

 经验借鉴

　　从名不见经传的创业团队到中国游戏核心领域的佼佼者，电魂网络已经蜕变为一家以竞技类游戏等数字内容服务为主体的综合游戏开发商、运营商，在移动端游戏、电脑端游戏和主机游戏布局及其海外出口代理方面取得重要进展。综上，电魂网络构建游戏产业链的主要经验如下：①保持热情、坚守初心，认真对待自主研发原创游戏项目。初心和热情在资本化时代依然适用，而这正是电魂网络等众多游戏企业发展至今的立足之本。②与时俱进，及时布局移动端游戏，把握行业发展变化规律。在中国游戏市场中，移动手机游戏市场的占比和用户数量最高，发展势头强劲。③加快推进新技术开发，融合 5G 和云游戏趋势，加速布局手游端等多领域优秀新产品。技术内容创新促进产业迭代升级。在技术层面，与游戏工业化相关的核心技术主要包括游戏引擎、人工智能、云服务等。技术的创新为游戏产业升级、游戏高质量高效率发展提供更多可能。④储存中国原创 IP，实施游戏内容精品化发展战略，完善 IP 产品生态圈。"梦三国"等经典 IP 和企业原创 IP 自带传播属性和流量属性，可挖掘性极强，前者更是有利于提高游戏"出海"的接受度。⑤注重"出海"产品本地化，针对海外市场特点因地制宜。实践证明，产品本地化不仅要求翻译符合当地的语言习惯，世界观、文案、美术素材、配音等也一样，都要针对当地文化特征进行本地化修改。出海企业必须充分了解本地的活动和政策文化倾向。⑥包容开放、兼收并蓄，整合全球资源优势。中国文化以包容见长，中国游戏企业也在吸收不同的文化和不同国家、团队的优势，可以通过交流合作乃至投资并购等多元形式，整合全球游戏产业资源。⑦政策先行、保驾护航，让游戏企业乘政策扶持东风。游戏产业已成为我国的朝阳产业，制定有效的激励政策势在必行。"一带一路"倡议的国家号召更是加速了中国游戏企业在沿线地区的蓬勃发展。⑧践行公益事业反哺社会，积极承担社会责任，实现经济效益和社会效益的平衡。

本节启发思考题

1. 在移动端手游盛行的当下，传统的 PC 端网页游戏如何突破瓶颈？
2. 对不同的玩家而言，手游和端游各自具有哪些吸引力？
3. 5G 技术可以促进游戏产业和哪些领域进行跨界融合？
4. 云游戏时代的游戏产业将出现哪些新的挑战和机遇？
5. 游戏"出海"如何因地制宜？
6. 在游戏题材的选择上，类似"梦三国"等广为人知的 IP 可以如何进行文化创新？
7. 游戏产业鼓励政策可以为企业带来哪些具体支持？
8. 游戏企业如何构建一条完整的良性互动产业链？

第三篇
创意设计服务与科技融合

广告服务与科技融合：思美传媒股份公司案例

 公司简介

　　思美传媒股份有限公司（以下简称思美传媒）是国内最具规模的广告公司之一，中国一级广告企业（综合服务类），中国4A成员单位，连续多年列浙江省广告公司营业额第一。思美传媒创建于2000年，公司地处杭州，截至目前，思美传媒旗下拥有魄力媒体、华意纵驰、翼扬户外、思美互动、视动力五大业务子品牌。创立初期，思美传媒主要为客户提供媒介代理中的购买执行服务，2002年起，业务范围扩展至品牌管理，并迅速成长为浙江省综合实力最强的广告公司之一。公司主营业务是为客户提供全面的广告服务，业务内容涉及媒介代理、品牌管理两大板块，可为客户提供从市场调研、品牌策划、广告创意、广告设计到媒介策划、媒介购买、检测评估的一条龙服务。

　　目前思美传媒运营总部在杭州，并在北京、广州、上海、南京、宁波设有子分公司，业务范围面向全国。作为传播领域国际化标准和本土化灵活的融合者和实践者，思美传媒先后为宝洁、百事可乐、相宜本草、阿里巴巴、三九药业、云南白药等中外知名企业提供服务。2019年，思美传媒坚持"以需求为驱动，以内容为核心，以价值为目标"的战略理念，加强影视内容产业链的开发和拓展的同时，向体育产业、内容衍生品开发、内容电商等泛娱乐领域纵深发展，以多元化的优质服务助力品牌在新的挑战中提升价值、创造辉煌。

案例梗概

1. 思美传媒股份有限公司发展整合营销产业链，形成"大营销、泛内容"格局。
2. 推进以微电影为核心的全方位整合营销服务，满足客户多方面需求。
3. 以综艺为起点发展内容营销，在网络文学、短视频等方面深度合作孵化优质内容。
4. 跨界投资影视，建立内部评估体系，呈现诸多极具潜力影视项目。
5. 注重 IP 价值开发，打造荧屏"爆款"，实现良好社会效益。
6. 重视对数据的投资，注重技术投入以提升广告投放效果。

关键词：整合营销；内容营销；微电影；影视全产业链；数据平台

案例全文

随着大众消费者消费行为的升级，品牌需求也与时俱进，从媒介花费转向媒介投资，传播生态链进入新一轮升级，传统广告公司的思维也要随之转变。在新的营销逻辑中，个性化的内容成为连接碎片化消费者的最佳介质。自营销进入 3.0 时代，内容成为掌握未来营销的关键要素，通过内容营销创造和分发有价值、相关性强和持续连贯的内容，可以吸引并留住明确的目标受群。这种追求个性、精准化人群定位的营销策略被越来越多的企业所运用，无疑，思美传媒也是其中的一员。思美传媒凭借自己独特的整合内容营销体系，在广告产业中的影响力越来越大。

思美传媒认为，在 IP 大行其道的现下，品牌的内容化与 IP 化已经是大势所趋。然而 IP 本身也是内容，更加需要优质的营销方式让其价值绽放。基于现状和思考，思美传媒拓展完善以内容为核心的大营销、泛娱乐生态的建设，进一步深化和扩展内容营销产业链布局，孵化、创造优质的内容产品，通过以需求、内容、价值联动的运营，实现内容价值的最大化，帮助品牌获得更多的价值。

一、立足传统广告，构建以微电影为核心的全方位整合营销服务

思美传媒的商业模式打破了传统广告企业的盈利模式。传统广告企业的收入来源主要是媒介代理业务，但是思美传媒近年来的发展是以电影、微剧

集为代表产品的全方位内容营销业务，震撼了传统广告市场。思美传媒以微电影为核心，整合了魄力媒体、华意纵驰、翼扬户外、思美互动和视动力五大业务部门的不同资源，立足于微电影制作，结合传统媒体、前沿创意及户外传播，硬性软性植入并进，逐步形成了一个较为完善的微电影产业链体系。思美传媒帮助客户利用微电影这种全新形式，将品牌、产品诉求巧妙融合在好的故事中，让一个故事的主题成为品牌的核心概念，并且利用专业的互动资源整合，为客户提供精准高效的互动整合传播方案，服务范围涵盖媒介服务（媒介策略、媒介执行）、社会化营销服务（内容创意）、无线营销服务（内容策划、创意设计）、监测分析等。

在微电影方面，思美传媒拥有专业的微电影创意团队和优质的内部创意剧本库，并计划在上海嘉定扩建微电影创意基地，携手战略合作伙伴建设外部创意剧本库。思美传媒不仅拥有资深的制片、摄像师、美术指导、灯光师、后期剪辑师、电脑合成师、调色师、3D 特效师等，还拥有高效率的评估体系、完善的跨媒体推广平台，囊括了新华网、新浪、论坛、爱奇艺、优酷等渠道。在新媒体方面，思美传媒已获得国内最大视频网站优酷土豆网浙江地区独家代理权以及新华网浙江地区独家代理权，并与新华社签署战略合作协议，为客户提供网络媒介购买服务。思美传媒凭借在广告传媒行业 20 年来积累的资源优势，同时在传统媒体上和新媒体上对微电影进行 360 度全方位的整合推广。目前，思美传媒的微电影业务的销售额已突破数百万，并积极探索微电影版权收费以及与运营商流量分成等更多形式，最终进一步完善微电影整合营销的商业模式。

二、始于综艺，全力打造内容生态圈

思美传媒是一家以内容为核心的传媒集团，不仅长期服务国内外知名品牌，更是十分关注中国本土中小型企业的成长。秉承"以需求为驱动，以内容为核心，以价值为目标"的企业发展战略，思美传媒以营销切入内容产业，全力打造内容生态圈，如今已经初步形成"IP 源头+内容制作+营销宣发"的内容产业链布局，成为内容产业领域里的重要参与者，发挥其越来越重要的影响力。

内容营销始于综艺

思美传媒内容营销的成长来自植入对电视、视频硬广告的替代和多种 IP 及播出渠道的拓展，广告商与内容商通过资本运作加速内容营销布局。思美传媒坚持内生与外延结合的发展模式：内生方面以综艺冠名、植入为切入口布局内容营销，比如天猫再度冠名《极限挑战》、华润三九深度植入《二十四小时》、联合同程旅游和腾讯视频出品网络剧《世界辣么大》；外延方面收购掌维科技、观达影视，并完成了对科翼传播 100%控股，业绩承诺的可实现性增强。

一方面，思美传媒加深了在内容营销上的尝试，真正意义上打造了一档由思美贯穿内容策划，到最终落地宣传发行的网络综艺节目——《Wuli 屋里变》。这档节目是由思美传媒旗下华意纵驰为一众广告主量身定制。在生产优质内容的同时，更满足了广告客户增加品牌曝光，为品牌输出优质内容的需求。思美传媒自身的角色，也从媒介代理转变为优质内容的制作和传播者，这是思美传媒转型带来的第一个改变。以《Wuli 屋里变》为例，作为一档为顾家家居等一众家装品牌向年轻人输出的一档网络综艺，节目满足了年轻人对于家装潮流等众多新奇好玩的元素需求，用更符合年轻人观看习惯的综艺形式，将品牌及产品想要传播的利益点进行深度创作。所输出的定制内容，势必更符合年轻受众的兴趣点，也更契合品牌本身的传播诉求。然而这些都得益于思美传媒的第二个变化，从以往传统广告公司对广告主的服务身份，转变为广告主在内容生产上一个不可或缺的合作伙伴，通过更深度的合作，让内容更契合品牌本身。

另一方面，公司重点布局网络综艺。在收购上海科翼和爱德康赛后，思美传媒在内容营销和数字营销方面的实力大大增强，特别是上海科翼有着优良的综艺节目宣发和网络综艺节目制作血统。思美传媒涉及的电视剧植入和综艺节目营销，从天猫冠名《极限挑战》，到佰草集冠名《出发吧爱情》，再到蘑菇街首席赞助《花样姐姐》都取得良好效果。

打造顶尖网络文学内容营销平台

泛娱乐生态的扩张使产业的边际也在不断拓展。如今，内容时代中，内容即是渠道。思美传媒认为，优质的阅读平台和内容资源拥有更大的开发潜质，因为小说是内容，可以吸引用户、留存用户；小说是手段，促使用户追更、使平台活跃；小说也是渠道，用于展示资讯、引导用户；小说更是数据，帮助分析用户、锁定人群。2016 年，掌维科技加盟思美传媒，成为思美传媒内容营销产业链的关键一环。

一方面，掌维科技是一个拥有 1 亿粉丝、180 家自媒体资源的网络文学内容推广平台。除了"两大互联网阅读平台"与"两款手机阅读 APP"，以及大量内容作品和覆盖的百万级活跃用户，掌维科技共有自有资源 17 家，其中包括 10 万~20 万用户级公众号 10 个，20 万~50 万用户级公众号 5 个，50 万~100 万用户级公众号 1 个，100 万~200 万用户级以上公众号 1 个；合作资源 164 家，其中包括 10 万~20 万用户级公众号 22 个，20 万~50 万用户级公众号 86 个，50 万~100 万用户级公众号 36 个，100 万~200 万用户级以上公众号 20 个。涉及领域囊括两性关系、情感交流、健康养生、女性情感、人生哲理、穿衣搭配、音乐美颜等热门话题。

另一方面，以现代都市言情系列作品深耕女性读者用户的掌维科技，无论是小说作品，还是在自媒体运营中，始终把女性作为核心用户群。数据显示，在掌维的用户群中，有经济基础、购买能力，关注自身、愿意消费的现代女性占比为 90%，为其打下扎实的消费者基础。

短视频轻内容营销新时代

思美传媒将重新定义受众的碎片化时间，探索短视频领域的新模式。思美创新品牌事业部总经理沈维林相信，运用场景制造内容需求才是碎片化时间中攫取受众注意力的关键。轻内容、快流量，是新时代内容生发的有效路径。

2018 年，思美传媒与浙江广播电视集团强强联合，成立短视频公司布噜文化，主打用小预算实现大传播，用轻量级的优质内容去挖掘更多价值。短视频已经成为碎片化时代的新内容消费习惯，因此，布噜文化以轻内容、快流量为落脚点，整合创意，制造内容+传播二次发酵。凭借强大的内容创作的原生能力、以内容为媒纵联行业的联合能力和全渠道分发的传播能力吸引粉丝，立足市场。

三、突破"舒适圈"，打造影视全产业链

跨界投资影视

早在 2012 年，思美传媒便抓紧良机，投入了影视领域，并不断发展壮

大。由 2012 年制作投资出品 3 部影视内容作品，不断扩展，到 2017 年与 2018 年分别达到了 11 部与 8 部的规模。同时，思美传媒设立了一套内部评估体系，所有影视剧类投资均会根据这个体系和标准进行评估。2018 年，思美传媒旗下观达影视制作出品的《温暖的弦》《青春警事》，思美传媒投资出品的《你和我的倾城时光》《莫斯科行动》《爱情进化论》等影视作品不仅在收视上取得良好成绩，也带来了广泛而积极的社会影响力。

同时，在 2018 年第二十四届上海电视节中，思美影业及思美传媒旗下观达影视携众多优质项目亮相上海电视节的电视市场板块并推出了多个优质项目，如年代偶像剧《不负少年时》、青春偶像电影《听见时间那一端》、犯罪悬疑推理系列剧《不要忘记我》、3D 动画电影《八戒》、婚礼策划综艺《婚礼马斯特》、热血公安青春能量剧《青春警事》、都市情感剧《只为遇见你》等，都是极具潜力的影视项目，引发了业内人士高度关注。

打造荧屏"爆款"

思美传媒以其特有的影视内容产业链为基础，结合企业强大的全景化营销能力，以全产业链化的运营，全方位开发 IP 资源的价值，完成了"文学平台 IP 源头—内容制作开发—内容宣发—内容营销—影视投资—艺人经纪"联动的营销生态圈的初步布局。

在 2017 年上半年，思美传媒总共投资了近十部电视剧作品。其中，《我的前半生》影响力巨大，算得上暑期档的荧屏大热剧，依靠"亦舒"这个大 IP，未开播之前就吸引了很多关注目光。该剧在东方卫视和浙江卫视同步播出，在东方卫视的单集最高收视率达 3.212，是东方卫视近五年暑期档日播冠军。2018 年 5 月，由聚美影视、思美·观达影视联合出品的《温暖的弦》圆满收官，网播量突破 70 亿大关，收视率同档飙高，荣登全国网 18 个第一，城市网 14 个第一。播出以来，"张翰电梯咚""张钧甯演技""温暖的弦""占南弦"等百余个热词屡屡登上热搜榜，共同演绎了一场线上线下的追剧热潮。《温暖的弦》的热播是"不辜负"的情感观在这个快节奏社会环境中仍然被接受的证明，也是当下观众对于都市情感题材偏好的一个最好折射，更是为 IP 的改编打开了一条可供借鉴的道路。

四、基于数据，提高广告投放精准性

思美传媒从最初的购买数据，到自主研发数据分析体系和数据平台，不仅提高广告投放的精准性，更是为思美传媒的整合内容营销奠定了技术基础。

购买数据

思美传媒董事长朱明虹在与可口可乐公司的合作中感觉到思美传媒在专业上与国际公司的差距。"我们以前就像买个杯子，打几折就 OK 了，不会去计算成本，评估转化率。"这个时候就想"国际性公司为什么这样做"，于是思美传媒在朱明虹的带领下开始买一些数据过来，亦步亦趋地学习。与可口可乐的合作让思美传媒董事长有种"井底之蛙"的感觉，他要通过买数据，想"看一看外面的世界"。当时公司内部也有不同意见，最大的分歧在于成本。朱明虹并未计算短期的得失，他认为："那时候管理不是很紧，数据导出来给你就行了。当然，我们没有这么做。我认为这是一个需要长期培养人才的过程，必须自己买，自己买怎么分析是随时随地的，人家导给你的就是固定的，变化不了。"

2000 年，思美广告花费 100 万元人民币，向央视索福瑞购买浙江范围的监播数据。当时中国有 40497 家广告公司，大多数是靠人脉、经验和运气取得业务，"广告门槛很低，想玩就玩，不想玩赚了钱就走，没有长远的规划和思考"。朱明虹保守地评价买数据这一举动："在全国不知道是不是第一名，起码在浙江我是第一位。"这个第一，并不是希望买了之后一定要从中挖掘收益增长点，马上出结果，而是希望走得长远一点，必须有自己的团队去做。于是，思美广告购买数据的行为变成一种常态，从 2000 年开始购买浙江范围内的监播数据，逐步扩大至华东乃至全国多个省市，并陆续购买了 CTR、CSM、CMMS 等系统化的数据平台和分析软件。这个过程中，随着广告公司数量的急剧膨胀，行业竞争日益激化，越来越多的广告公司开始重视对数据的投资。

自主研发

在购买数据、数据平台和分析软件的基础上，思美设置研发中心对市场、媒体价值、策略和信息化方面进行持续研发和开发。思美传媒董事长朱明虹说："人家也可以买数据，这不是难的事情，关键是你有多少决心做深度挖掘。"截至 2010 年，思美利用积累业务数据对数据库进行升级以及算法和模型更新，构建了具有自主知识产权的数据分析体系，开发了包括传媒行业自动精准投放系统、媒介策略分析优化组合系统、数据自动检测分析系统、行业管理流程控制软件、传媒投放领域评估分析系统、新媒体投放组合优化系统、户外广告评估系统Ⅵ1.0、电视剧收视率预估系统Ⅵ1.0、消费者市场调查系统Ⅵ1.0、点成本评估系统Ⅴ1.0、朗极平面媒体视频播放软件Ⅴ1.0 在内的多项专用软件系统。

根据这个数据库，思美可以做其他企业无法模仿的各个渠道、各个时段和各个行业的投放分析和预测、产品设计和品牌形象战略的分析和效果预测。在数据库的基础上，思美将不同的媒介部门、业务部门统一在了一个数据平台上，实现了不同业务部门的资源整合，为客户提供包含媒体代理、市场调研、品牌管理、创意设计、公关推广、户外媒体运营、互动营销、监测分析等在内的广告全案服务，实现了魄力媒体、华意纵驰、翼扬户外、思美互动、视动力五大业务子品牌的协同创新。

开拓媒介

随着媒介种类的日新月异，基于特有的数据分析体系、新媒体投放分析体系、长期运营中所积累的户外媒体和新媒体代理经验以及对新媒体广告价值发展趋势的明确判断，思美组建了以拓展新媒体广告业务为核心的项目中心，为广告投放增加了渠道并提高了精准性。比如 2015 年，思美传媒收购专注于搜索引擎营销（SEM）服务业务的爱德康赛，公司通过此次收购横向扩充互联网广告板块的业务类型，更好地提升互联网广告的发展空间。再比如思美传媒开拓了杭州市地下通道和杭州延安路黄金商区的户外大幅广告牌资源，并建造了龙翔服饰城户外大幅 LED 广告屏。2019 年，思美传媒借助在数字营销创新业务方面的创新实践和快速发展，荣膺金鼠标 10 周年"数字营销标杆公司"大奖，这更加坚定了思美在"技术、数据、内容"为核心的营销服务模型上的探索，以及践行以效果为导向、以用户为中心的营销理念。

资料来源

[1]《从小广告公司到大传媒集团 思之美之》，《杭商 40 年》，2018 年 11 月 15 日，第 A08 版。

［2］《思美传媒股份有限公司》，《光明日报》，2018年5月14日，第10版。

［3］《思美传媒：数字+内容营销 持续扩张仍可期》，《投资快报》，2015年11月23日。

［4］《思美：广告企业龙头》，《钱江晚报》，2015年1月31日，第b0004版。

 经验借鉴

思美传媒股份有限公司作为浙江本土广告龙头企业之一，以强大数据为支撑，牢牢把握以微电影为核心的整合营销服务，以综艺为起点展开内容营销之路，在后期跨界投资影视，现已形成较为完善的整合营销格局，并不断提升内容营销。思美传媒创新发展广告领域，拓展影视产业的主要经验有如下几条：①抓住核心卖点，发展以微电影为特色的整合营销服务体系。思美传媒的商业模式打破了广告企业传统的盈利模式，以微电影为核心，整合了魄力媒体、华意纵驰、翼扬户外、思美互动、视动力五大业务部门的不同资源，为客户提供全方位的互动传播方案，更加强调品牌、情感在广告全案中的作用。②开展深度合作，内容生产契合品牌自身理念。思美传媒逐渐跳脱媒介代理的身份，发展为优质内容的制作和传播者，为广告客户打造定制化风格，以达到满足客户需求，打响客户品牌的目的。在此基础上，疏通洽谈，实现深入合作，以重要合作伙伴的身份替代传统广告公司的服务身份，使得内容与品牌的贴合性更强。③明确发展目标，精准收购助力综艺、网络文学营销。思美凭借收购多家互联网公司、综艺节目与影视剧宣发公司，基于其强有力的宣发与制作血统，互联网和移动终端的网络运营平台及优质资源，大大增强思美自身内容营销与数字营销的能力，使其在综艺营销、影视、网络文学等方面维持增持评级。④挖掘潜在市场，参与影视跨界投资。思美传媒紧抓影视产业良好的前景，在投资影视剧时充分考虑为社会、客户和商家带来的价值，解决客户需求。⑤注重内容营销，实现全方位IP的商业开发。思美传媒现今形成完善IP运营产业链，致力于打造热门IP，评估好IP，储备丰富的原创IP资源，提供充足的IP改编的源泉，"内容+营销"协同发展，更有益于实现良好的收视效果，并取得良好的社会效益。⑥重视数据基础，充分利用大数据增加精准性。思美从最初向CTR、CSM等市场调查公司单纯地购买数据，升级到购买数据分析软件，对数据进行分析、处理和解读，最后开始打造自身的配套信息系统。思美传媒主动向国际同行看齐，通过加强市场研究能力和数据分析能力，提升广告投放的精准度和有效性，为广告客户提供了有力支持。在自有知识产权的数据分析体系和战略合作伙伴的双重支撑下，实现了从媒介代理企业向品牌传播机构的转型。

本节启发思考题

1. 在广告传播方式日益多元化的情况下，传统广告传播方式应怎样革新以吸引受众？
2. 传媒公司应如何准确把握市场，精准投资？
3. 传媒公司如何合理挖掘 IP 价值以提升竞争力？
4. 在新媒体时代，如何加强内容本身和品牌的契合度？
5. 广告产业如何充分利用前沿技术实现高效发展？
6. 广告公司如何在大数据时代，利用大数据建立自身优势？

创意设计服务与科技融合：
美盛文化创意有限公司案例

 公司简介

美盛文化创意有限公司（以下简称美盛文化），是一家专注于动漫衍生品开发的公司，包括动漫服饰的开发、设计与生产、动漫原创、动漫影视制作、动漫衍生品研发生产、媒体运营、网络游戏等领域。2012年9月，公司在深圳证券交易所正式挂牌上市，成为了绍兴市文化企业第一股、浙江省动漫企业第一股、中国动漫股服饰行业上市第一股，更是国内仅有的两家动漫行业上市企业之一。

近年来，美盛文化围绕文化产业发展，以衍生品为支撑，向文化产业其他板块拓展，先后对动漫、游戏、二次元、影视、衍生品、自媒体等产业链上下游进行战略布局，逐步形成全产业链生态一体化的核心竞争优势。企业先后通过了 WAL-MART（沃尔玛）、Tesco（乐购）等国际著名公司认证，以及国际玩具业协会（International Council of Toy Industries，ICTI）商业行业守则的验证和 GSV 反恐认证。在"走出去"的发展道路上，美盛文化被认定为国家文化出口重点企业，动漫创意基地项目被认定为国家文化出口重点项目。目前，公司已形成"自有IP+内容制作+内容发行和运营+衍生品开发设计+线上线下零售渠道"的文化生态圈，并通过资源的充分整合与利用，各环节的有效结合，实现不同文化商品的交叉推广，催动生态文化圈的构建，实现生态化运作，为大众创造更美好的精神消费体验。

案例梗概

1. 美盛文化创意有限公司发家于动漫服饰制作，在原始设计制造商（ODM）模式下实现差异化经营，谋定全球，夯实生存发展基础。

2. 携手阿里，借力政策打造发行新模式，加速动漫产业发展。

3. 转型升级，专注原创内容的生产与制作。

4. 投资收购，深化产业链，开发动漫网站平台。

5. 构建 IP 文化生态圈，打造衍生品健康生态环境。

关键词：动漫 IP；动漫衍生品；动漫文化产业链；ODM 模式；文化生态圈

 案例全文

近 20 年来，美盛文化从服装制作到品牌授权、影视娱乐与衍生品，三大业务板块共同支撑起美盛文化这个中国知名动漫上市企业，成为中国较早在深圳挂牌上市的动漫公司之一。伴随公司整体布局日益完善、各业务健康稳定发展，美盛文化明确了以"推动 IP 的全面商业价值实现，创造美好的精神消费体验"为使命，打造全球领先的 IP 生态圈为愿景，以"诚信、进取、认真、创新、责任、梦想"为企业核心价值观，全力打造美盛原创 IP，发挥产业链优势实现 IP 经济化，将精彩的内容和产品呈现给全球受众。

美盛文化以动漫服饰开发生产起家，但随着动漫服饰产业进入瓶颈期，美盛文化采取多元并行的策略，形成了集 IP、游戏产业、动漫影视、衍生品设计与开发于一体的一家跨领域的生态型文化企业，先后向二次元、自媒体等产业链上下游进行布局，形成全产业链生态一体化优势。美盛文化的成功并非一朝一夕，与他们重视国内外市场共同发展、应对市场及时进行战略转型密不可分。美盛文化在国家政策助力下，不断探寻中国动漫消费市场，在全球新一轮产业变革中，立于不败之地。

一、动漫服饰及饰品的生产与销售

十多年的探索过程中，美盛文化由单纯的制造业向高档饭店、文娱礼品等行业扩展，再逐步涉及万圣节、圣诞节等西方传统节日和大电影的服装产业，最后成为具备了动漫服饰研发、设计、制造全能的领先企业。公司在动漫衍生品的细分产品动漫服饰上，开发了节日服饰及礼品、动漫电影系列服饰、头巾以及其他非动漫服饰等多条生产线，具有了年产各类服饰数千万套，并远销美洲、欧洲、非洲等地的能力。美盛文化还与迪士尼、沃尔玛、TAT-GET 等国际知名企业建立了长期合作关系，现已发展成为浙江省最大的专业制作纺织类特殊饰品企业。

原始设计制造商（ODM）模式下的生产优势

作为国内主要的规模化动漫服饰制造商之一，美盛文化充分利用自身的设计开发能力，深度参与客户的产品设计，改变了国内传统依靠客户提供设计进行生产的 OEM 经营模式，成长为具有自主研发设计能力的现代动漫衍生品设计、生产企业的代表。公司长期以原始设计制造商（ODM）模式耕耘海外市场，并逐步向自主品牌运营商（OBM）模式过渡，公司现已经着手建立自主品牌，并根据市场需求自主研发设计新产品，不依赖某个特定客户，具有较强的市场主动性。

以品牌运营拓展国内外市场

欧美地区是动漫产业较发达的地区之一，动漫服饰的需求量高于国内和海外其他地区，因而，美盛文化在营销上，大力拓展海外市场，谋定全球，实施"走出去"战略，收购多个国外的公司，延伸动漫文化产业链，从单纯的研发生产直接进入终端销售领域。如被收购的公司之一的荷兰公司 Agenturen en Handelsmij Scheepers B. V. 仍然由原有的管理层进行管理，保障其正常盈利，这使得美盛文化进一步积累研发优势，提高国际化的经营管理能力，网罗西方的研发设计、经营管理人才，加速美盛文化自主动漫形象和衍生品在海外的推广。

美盛文化在主打海外市场的同时，还大力开发国内市场。在中国，虽然动漫服饰消费态度较为低迷，但也已经在当今文化市场上占据了一席之地，引起各类 Cosplay、商业演出，以及动漫服饰爱好者消费，为动漫服饰提供了较大的市场容量。因此，美盛文化积极开发设计一些具有自主知识产权的产品，加大原创设计和自主品牌产品的推广力度，使得同类产品在国内市场占有率已达 65％ 以上，并呈良好上升趋势。

二、强势打造动漫自有 IP

《"十二五"时期国家动漫产业发展规划》提出"大动漫观，全产业链"的思路，为正在探索中的国产动漫行业指明了发展方向。为此，美盛文化制定了完善的集团发展方针：从动漫、游戏、影视、演艺、媒体平台、海外营销六个模块进行战略布局，充分利用动漫产业作为第二、三产业融合新载体的功能，按照动漫产业普遍认同的"动漫生产—动画片播出—衍生产品开发—衍生产品销售—收益—再生产"的盈利模式，着力构建"大动漫、大文化、大娱乐"的经营格局。2015年《星学院》的推出，正是美盛文化对于这一方针的最好实践。

《星学院》三季都是由美盛文化旗下的美盛动漫负责动画制作的，邀请了王牌原画师进行IP形象设计，采用国内领先的三维动画技术，充分调动现有产业资源，形成了动画、影视、舞台剧、手机游戏、衍生品全产业链联动的推广特点，努力实践战略发展布局，积极推动产业转型升级，成为美盛探索路上实力非凡的"先行军"。其中第三季《星学院Ⅲ之潘朵拉秘境》2017年在优酷土豆、腾讯视频、芒果TV重磅推出。有《星学院》系列前两季作为人气基础，第三季回归当天第1集单集网络播放量高达200万，首周播放总量突破1000万，在小粉丝的力挺下冲进骨朵数据国漫前十行列，再创"星学院IP生态"新纪元，成功超越同类动漫作品《精灵梦叶罗丽》第五季。同时，携手阿里影业，共同打造T2O（TV to Online意为电视到互联网线上）这一电视内容与互联网跨界融合的全新模式，采用"手摇"技术，让观众在观看电视、视频的同时，只要通过简单的摇一摇就可以链接进入手机购买页面，走进《星学院》的电商平台。

在网络制作方面，为了更好地塑造品牌形象、打造持续生命力，美盛文化斥巨资完成了对集原创动画制作、网络游戏研发和运营、互联网技术开发为一体的高新技术企业——杭州缔顺科技有限公司的收购。美盛文化对缔顺科技的收购，帮助美盛打造第一批优秀国产动画片、建立游戏行业垂直门户网站，有效地提升了公司在原创动漫领域的实力和影响力，为公司原创动漫作品的做精、做强奠定了基础，也为公司的品牌建设抢得先机。从美盛文化的业务收入来看，2016年，美盛文化IP衍生品收入增加带动了营业收入的上涨，动漫游戏等新业务布局也迅速增长。2018年，动漫及游戏业务实现收入8313万元，同比大幅增长92.6%，营收占比由前年的10.7%提升至13.13%。

三、影视制作，大力投资衍生品

在影视剧制作方面，美盛文化凭借对时下流行文化及其趋势的敏锐嗅觉，投资出品《超能星学院》《星座啪啪啪》等影视作品，以开放性、前瞻性的姿态进军影视领域。其中，《超能星学院》是由天娱传媒、腾讯视频和美盛文化联合出品的青春校园网络剧。该剧于2016年在腾讯视频独播，上线首日微博实时热门话题第一名，位居微话题电视榜单第一名，上线三天播放量破亿，上线一个月播放量达10亿次。《星座啪啪啪》由美盛文化和北京爱奇艺科技有限公司联合出品，凭借新颖的题材、搞笑的人设和脑洞大开的剧情反转赢得了观众的口碑，两周内播放量1.1亿次，评分高达9.8。

与此同时，美盛文化投入衍生品的开发。其中，公司旗下杭州美盛文化二次元文化发展有限公司一直以COSPLAY为核心打造健康二次元生态，业务涉及动漫、展会、游戏等二次元领域，打造出提供精品Cos服饰的悠窝窝和漫有引力店铺、专门服务于COSPLAY玩家拍摄及提升Cos技能的漫拍移动APP，为二次元爱好者提供精良舒适的MIXX潮服、兔魔王软妹服等二次元品牌，月均覆盖用户近150万，产品满足高中低端不同人群的需求。2017年国漫热门IP《全职高手》的正版Cos周边授权花落美盛文化，这是继《银魂》《初音》《月歌》等日漫IP之后，美盛文化二次元首次和国漫IP进行版权合作，按照官方要求还原人物设定，从服装、道具、假发等多个部分，全方位展开制作。2017年，美盛文化IP衍生品与传统衍生品分别实现收入3.27亿元（同比增长39.92%）及2.14亿元（同比增长78.20%），占总营业收入的51.68%及33.84%。

四、合理收购，打造文化生态圈

自上市起，美盛文化发展经历了从"动漫衍生品制造商"向"构建文化生态圈"的战略转型。从2013年至今，美盛文化的并购、收购非常活跃，截至2017年，已经投资收购30多家公司，产业链的不断延伸彰显着美盛文化的雄心壮志。收购荷兰销售公司铺设海外销售渠道，有利于公司承接更多的加工订单；2014年第二季度，公司通过对外投资纯真年代、星梦工坊，进一步将产业链延伸至影视、舞台剧方向；2014年12月公司收购天津酷米40%的股权，进一步深化产业链，通过产业链的横向、纵向延伸打造动漫视频网站平台；2017年美盛文化多次出手，全资子公司香港美盛文化对全球较大的玩具生产商、销售商之一的JAKKS进行投资，持有JAKKS 19.5%的股权，成为JAKKS第一大股东，而此前，JAKKS一直是美盛文化最大的销售客户，美盛文化只是它的一个供应商。这种身份的逆袭，正是美盛文化近年致力于转型升级之路的集中体现。"以前我们只是 JAKKS 的产品制造商，持有他们的股权可以帮助我们进一步拓宽海外衍生品市场，做大动漫衍生品蛋糕。进军海外一直是公司成立以来的一个梦想。"公司相关负责人介绍。

"公司投资 21 亿元建设的 IP 文化生态圈项目，4 月将在杭州正式启动。"2017 年 4 月，位于新昌省级高新技术园区的美盛文化相关负责人告诉记者。"通过 IP 文化生态圈这个项目，公司将进一步为占领优质 IP 谋求先机。"现在美盛文化在做一个更大的"梦"，打造属于美盛文化自己的"IP 文化生态圈"，通过多次收购与参股的方式涉足整个 IP 文化生态圈，上游 IP 资源——美盛文化游戏、美盛文化动漫，中游运营——游戏港口、酷米网，下游渠道——悠窝窝、美盛文化电商。

五、未来业绩驱动，动漫衍生品，打造 IP 文化生态圈

2017 年，动漫衍生品市场规模比 2016 年扩大近 100 亿元，结合利好因素和行业发展的整体情况，预计未来动漫衍生品行业的市场规模按照 20%～25% 的速度增长。动漫衍生品行业发展的根本是市场需求多元化。动漫周边产品定义广泛，以动漫玩具和动漫出版物为主，这也是动漫产业快速发展的原因之一。在大学生自主创业的大环境下，加盟动漫连锁品牌会成为未来动漫衍生行业发展新趋势。其中动漫玩具占我国动漫衍生品整体市场 51%。2018 年我国动漫产业内容生产实力进一步提升，总产值超过 1000 亿元，而未来，这一成绩将随着动漫 IP 化的运营日益显著。

在行业利好的促进下，美盛文化作为行业龙头，有望保持高于行业的成长水平，同时，在战略层面上，公司在产业布局上将继续注重动漫产业链的上下延伸，如动漫原创领域的创作和积累、国内外的销售渠道整合和布局、衍生品的多渠道经营和推广，注重有衍生品协同效应的游戏、传媒等其他相关文化领域的开拓和发展。此外，当前市场上所形成的以美盛文化、梦之城等几家专业制作团队公司为引领的知名电商平台进驻，多业态、多企业竞争的市场格局，将促使更多的企业看好动漫衍生品行业的发展，纷纷布局进入市场，从而形成良性循环，进一步加剧行业竞争，也是为市场提供了更多的可能性，为行业的多样性添砖加瓦。

资料来源

[1] 中国动漫产业发展案例研究编写组：《中国动漫产业发展案例研究》，浙江工商大学出版社 2016 年版。

[2] 俞佶婷：《创造更美好的精神消费体验》，《今日新昌》，2017 年 3 月 15 日。

[3]《2018 年中国动漫衍生品行业发展现状及行业发展趋势分析》，《行业频道》，2018 年 7 月 11 日。

[4]《美盛文化：服饰动漫相辅相成，打造文化产业集团》，2014 年 3 月 11 日，https：//finance. qq. com/a/20140311/007284. htm。

 经验借鉴

美盛文化从动漫服饰制造开始，不断以动漫衍生品为核心，先后对动漫、游戏、二次元、影视、衍生品、自媒体等动漫生态圈进行扩张与渗透，构建起"自有 IP+内容制作+内容发行和运营+新媒体运营+衍生品开发设计+线上线下零售渠道"的文化生态圈，并且通过了资源的充分整合利用以及各环节的有效结合，加快了文化生态圈的构建，实现了生态化的运作。综上，美盛文化在构建动漫 IP 文化生态圈方面有如下经验：①企业发展需锁定全球市场，积极实行经营模式改革。美盛文化由单纯的服装制造到逐步在国外动漫及电影服饰上实现规模化生产，再到成为全能的领先企业，与国际知名企业建立了长期合作关系。②多元并行，积极开展动漫产业作品的制作与开发。以原创 IP 为立足点，以中国原创动漫产业模式为基础加以实践，推出了《星学院》系列动漫剧及 IP 衍生品，为中国动漫产业注入了新的活力。③斥巨资收购高新技术企业，完成网络游戏研发和运营。美盛文化打造游戏行业的垂直门户网站，有效地提升了公司在原创动漫领域的实力和影响力，为公司的品牌建设抢得先机。

本节启发思考题

1. 在大批相关企业进入动漫市场时，美盛文化如何维持自身竞争力？
2. 如何推动动漫 IP 的全面商业价值实现？

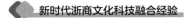

3. 如何盘活动漫全产业链运作，抢占动漫文化制高点？

4. 如何敏锐捕捉当下流行市场变化的节奏与趋势？

5. 如何维持全产业链生态一体化优势的稳定性？

6. 如何克服进入国外动漫市场的壁垒？

第四篇
文化传播渠道与科技融合

图书出版发行与科技融合：浙江出版联合集团案例

 公司简介

　　浙江出版联合集团成立于 2000 年 12 月，现为浙江省政府直属国有独资出版企业集团。集团以图书、期刊、音像制品和电子出版物的出版、印制、发行为主业，兼营与出版产业相关的物资贸易、投资等业务。集团现有出版单位 11 家（浙江人民、人民美术、科学技术、文艺、少儿、教育、古籍、摄影、电子音像等出版社和浙江省期刊总社、数字传媒公司），全资子集团 5 家（浙江省新华书店集团、浙江印刷集团、浙江省出版印刷物资集团、浙江出版集团投资公司、浙江出版集团置业发展公司）。为适应传统出版与新兴出版的融合发展，博库网、青云在线分别于 2011 年、2016 年诞生，并成长为行业发展的标杆。集团全资和控股法人单位共计 140 余家，各类从业人员 8212 人。先后入选全国文化体制改革先进单位、全国新闻出版"走出去"先进单位、全国首批数字出版转型示范单位和"世界出版 50 强"，连续十一次入选全国"文化企业 30 强"。

　　集团坚持以内容建设为根本，以结构调整为主线，深入实施出版业供给侧结构性改革，"走出去"重点项目不断增多，与"一带一路"倡议沿线 20多个国家都有合作项目，同时与日本、法国、俄罗斯、英国、美国多个国家形成合作，建立了海外分社和主题书店。2018 年以来，集团提出"思想引领时代、知识服务用户"的价值观和对标赶超、数字融合、人才引领、党建保障等十大发展战略，强化精品出版、数字转型、改革驱动、风险防范等重点工作。确立了"讲政治、正导向，稳规模、增效益，防风险、补短板，抓精品、优供给，强融合、促转型，重人才、壮队伍，抓党建、强保障"的发展理念。集团坚持把社会效益放在首位，同时，集团营收、利润同口径稳步增长，精品出版成绩喜人，股改上市有序推进，存量风险有效化解，初步呈现高水平高质量的发展局面，高度实现了社会效益和经济效益的统一。

案例梗概

1. 浙江出版联合集团围绕主业打造出版精品，让更多精品惠及大众。
2. 迈向出版 3.0 时代，打造媒体矩阵和综合性的覆盖全域的知识服务平台。
3. 践行"一带一路"倡议，推动图书出版"走出去"，向沿线国家讲好中国故事。
4. 扶持出版融合与创新发展项目，构建"数字出版"电商平台。
5. 重塑出版流程转变盈利模式，5G 为出版业带来新的机遇和挑战。
6. 提升出版内容创新能力，优化文化产品供给，助力文化产业高质量发展。
7. 坚守文化责任，坚持创新驱动，推动出版行业质量变革、效率变革、动力变革。

关键词：精品出版；数字出版；出版"走出去"；出版 3.0；融合创新；5G 技术

案例全文

出版是通过可大量进行内容复制的媒体实现信息传播的一种社会活动。古代金文、石刻以及人工抄写、刻绘书籍，是一定意义上的出版；正式的出版是随着印刷术的发明，在唐代中叶盛行；现代出版主要指对图书、报刊、音像、电子、网络等媒体承载的内容进行编辑、复制（包括印刷、复制等）、发行（或网络传播）三个方面。出版是人类社会的经济、政治、文化发展到一定阶段的产物，凝结着人类的思想和智慧，集聚了科学技术的发明创造和社会实践活动的经验与成果，反映了社会生活的各个侧面，对社会的发展进步有着不可替代的推动作用。

面对出版业市场化转型的大趋势，为了增强出版社市场竞争能力，提高出版社及其产品的市场影响力，适应和实现市场化转型，需要对从产品到组织架构乃至编辑出版流程进行一系列变革。目前，"一主多元""以主带辅、以辅促主""跳出出版做出版""多元发展、反哺主业"等已经成为我国出版集团开展多元化经营的热门话题，很多出版集团都在积极尝试进行多元化经营，无疑，浙江出版联合集团也是其中一员。浙江出版联合集团作为文化传播行业的领军者，时刻铭记肩上责任，自创办以来就一直致力于打造精品，助力出版业融合发展。在如今瞬息万变的出版行业，浙江出版联合集团不断提升自身竞争能力，提高出版社及其产品的市场影响力，在精品出版、数字出版及出版"走出去"等方面都取得了重大成效，是当之无愧的浙江省多媒体出版龙头企业。

一、围绕主业打造出版精品

作为"全国文化企业 30 强"的常青树，浙江出版联合集团成功入选全球出版 50 强。近些年来，集团发展业绩每年跨上一个新台阶，产业规模、综合实力和核心竞争力都在稳步上升，在融合发展中形成了以出版产业为主的文化产业发展格局。浙江出版联合集团董事长、党委书记童健表示，目前集团已呈现出主题出版亮点纷呈、重大出版项目稳步推进、畅销书阵容持续壮大的良好局面，这与不断完善出版单位经营业绩考核办法，加快构建社会效益与经济效益相结合的考核体系分不开。

主题出版亮点纷呈

2019 年 3 月，中宣部下发通知，就 2019 年主题出版工作做出要求，明确了五方面选题重点。"我认为要把包括主题出版在内的整个出版工作做战略思考，把它放到中华民族伟大复兴中去理解、去认识、去规划、去工作才能有高度。"中国出版协会常务副理事长邬书林表示，做好主题出版要把习近平总书记提出的"举旗帜、聚民心、育新人、兴文化、展形象"的使命任务落到实处。好的主题出版项目需要找到特定用户群体，生产用户所需的精神文化产品，特别是切口小、理论深的读物，群众喜闻乐见的通俗读物等。

集团旗下浙江人民出版社针对学生群体出版的"爱国主义教育"系列读物，10 多年发行逾 2000 万册；应普通党员学习之需出版的"党员学习参考"系列，年发行量约 80 万册，累计超 1000 万册。爱国主题图书的源源不断出版与更新，不仅为大众补充了精神食粮，更是奠定了思想基础。

扶贫主题作品也应运而生，当今时代下的扶贫作品既要做到跳出一般故事的俗套，又要跳出浅表化、概念化的窠臼，正如浙江人民出版社的《心无百姓莫为官——精准脱贫的下姜模式》，聚焦扶贫案例剖析，以鲜活生动的艺术表现力描绘出这一时代的特征，助力脱贫攻坚战。

2019年迎来中华人民共和国成立70周年、五四运动100周年等关键时间节点，"主题出版"继续成为浙版图书的关键词——截至2019年1月，浙版传媒旗下各出版单位已立项出版纪念新中国成立70周年选题40余种、深化社会主义核心价值观宣传阐释选题20余种、深入宣传阐释习近平新时代中国特色社会主义思想选题10余种……时代主题绝不会失去市场，它是出版人永恒的文化使命，也是消费者不变的理想追求。

然而，新时代的主题出版如何出彩？浙江出版联合集团董事长、总裁鲍洪俊介绍，"如今的主题出版的全媒体内容形式，能更全面地满足不同群体的差异化内容需求，增强不同场景下的内容体验，不断增强感染力和影响力"。为此，浙江人民出版社专门设立了数字事业部，以专门的团队开发数字化阅读产品，重点建设了多项数字出版工程。要做好主题出版工作，必须抓住互联网变量，不断探索"主题出版+多媒体+服务"的创新之路，大力倡导媒体融合，实现资源共享、利益互惠，为主题出版物赢得更大市场，使其产生更大效能。

重大出版项目稳步推进

新时代文化的灵魂，必是习近平新时代中国特色社会主义思想。为推动这一思想深入人心、落地生根，浙江出版联合集团推出《之江新语》《红船精神问答》《读懂"八八战略"》等一批有分量、有影响的图书。另一方面，为生动展现浙江省推动高质量发展的新突破、新进展，深入总结浙江"两个高水平"建设的成功做法，集团还将出版《心无百姓莫为官——精准脱贫的下姜模式》《大国治村》《牵挂》等重点图书。此外，《全民国词》等图书也在重点推进中。

纵观2019年的文艺类选题，质量明显提升，特别是内容方面，价值导向和审美导向都积极向上。浙江文艺出版社的《大国治村》，发挥了报告文学的优势，紧扣主旋律，呼应时代变化，记录着全国最先建立村务监督委员会的浙江金华后陈村、三治融合发源地桐乡越丰村等基层乡村的真实故事和生动实践，反映了国家建设成就，紧跟时代发展，报道重大事件，宣传好人好事，弘扬正能量。

2019 年 5 月 27 日，由浙江古籍出版社出版的国家出版基金资助项目《全民国词（第一辑）》在杭州首发。该书收入了 220 余位词人的 28000 余首词作，其中不乏夏敬观、陈匡石、汪东、吴梅等著名词人的作品。专家学者认为，继《全唐诗》《全宋诗》《全宋文》《全元文》等断代诗文总集之后，志在网罗一代词作的《全民国词》编纂出版，填补了传统诗词文献研究的一个空白。国家图书馆原馆长詹福瑞也肯定了曹辛华在诗词文献学领域的开拓之功。他指出，在已经问世的各种新文学史中，旧体诗词不太受文学史家关注，《全民国词》将会为未来文学史的书写提供帮助，出版不仅能够为学术研究提供基础文献，也是对这些珍贵文化遗产的抢救性保护。曹辛华表示，《全民国词》计划分四辑陆续出版，据保守估计，收入词人的总数将超过 3000 人。

畅销书阵容持续壮大

作为一个围绕主业打造精品的出版集团，畅销书是其创造话题、吸引粉丝、扩大流量、增加利益的主要途径之一。从一个好的选题，到策划，再到出版，无疑，畅销书的阵容决定着企业的命运。

2019 年 3 月 20 日至 22 日在杭州举办的第十四届浙江省馆藏图书展示会，迎来了全国 1500 余家图书馆的 5000 余位代表，创下了现场采样订货码洋 1.82 亿元的历史新高，比去年增长 1700 万元。2019 年 1 月 12 日，北京图书订货会参观人数和展位数都达到了历史新高，据组委会统计，订货会三天共迎来观众 9.5 万人（次）。图书的吸引力只增不减，畅销书阵容持续壮大。

浙江出版联合集团出版的《回家》荣获全国精神文明建设"五个一工程"奖，《网络英雄传Ⅰ——艾尔斯巨岩之约》等九种出版物荣获第四届中国出版政府奖，《陈云家风》等五个项目荣获第六届中华优秀出版物奖，实现了在全国"三大奖"评比中届届获奖的成就……这些荣誉的获得不只是内容的不断完善与充实，更是消费者一如既往的支持与鼓励。

二、推动出版"走出去"

近年来，中国经济发展迅速，在国际舞台上的知名度和影响力也越来越大，向世界讲好中国故事、传递中国文明，成为各个出版集团不可推卸的责任与担当。浙江出版联合集团一直位于全国出版集团"走出去"第一方阵。以浙江出版联合集团为代表的中国优秀出版集团致力于中国文化的国际传播，十分重视中国文化和中国图书在海外图书市场的开拓、发展和服务。

开设海外书店，展示中华文化

出版行业"走出去"最直接也是最有效的方式就是在海外开设中国书店，可以为海外读者提供更多的阅读选择，让海外读者更直观地接触中国文化。在这一点上，浙江出版联合集团做出了良好的实践与示范。

2016 年 7 月，浙江出版联合集团与俄罗斯尚斯国际出版公司合作经营的俄罗斯首家中文书店——尚斯博库书店在俄罗斯的莫斯科开业，成为向俄罗斯人民展示中国文化的一个重要窗口。尚斯博库是俄罗斯首家中文书店，由浙江省新华书店集团旗下的博库书城和尚斯国际出版公司合办。后者是一家在俄罗斯注册的综合性出版公司，是目前俄罗斯出版中国主题图书最大的出版机构。

书店用图书装饰整个橱窗，具有中国传统文化特色，静静地迎接俄罗斯读者的到来。尚斯博库书店占地面积 200 平方米，"五脏俱全"，店内有各类图书 5000 余种，包括大量的原版中文书，以及中国图书的俄语译本和大量介绍中国的俄文图书，俄文图书占 20%。特别是对于俄罗斯的汉学家和汉语学习者来说，这里简直就是一个浩瀚的知识海洋。书店开业后，由于主题鲜明和定位清晰，受到俄罗斯读者的欢迎，《历代名家册页》《历代名家扇面》、精装《中国书法全集》等中国传统艺术类书籍、汉语言学习等相关书籍屡次售罄。目前，尚斯博库书店每年翻译和出版 100 种以上俄语和苏联国家不同语言的中国主题图书、中国文学作品、少儿读物等图书，是目前俄罗斯翻译出版中国图书最主要的平台。《少林功夫》《这就是马云》《茶人三部曲》《茶的故事》《狼王梦》等图书均已经翻译成俄语并在俄罗斯出版。《茶经图说》《中华寓言故事》等俄语版图书也即将面世。

在 2016 年尚斯博库书店开业的同时，集团与莫斯科国立师范大学、喀山大学分别签署了建设中俄翻译培训基地，合作编写俄语版汉语教材的战略合作协议。集团与尚斯国际出版公司正合作编写俄语版《汉语初级教材》，已合作出版了《HSK 新汉语水平考试教程》等汉语教育图书，更多的汉语学习教材和读物将陆续面世。

在尚斯博库书店里，读者不仅可以阅读交流，还可以学习汉语，观看中国影视，品饮中国名茶，欣赏中俄两国文学家的演讲和对话。书店与中国中央电视台俄语国际频道合作设立了"一带一路"倡议影视厅，放映介绍中国文化的俄文影视节目，比如《舌尖上的中国》《敦煌》《中国茶道》等。除了伏特加，很多俄罗斯人表示也喜爱龙井茶。因此，尚斯博库里长期设立了"华茶驿站·中国茶谣馆"，配置了全套中国竹制茶器具和设施，还有茶艺表演。书店内设有"茶驿站"，定期举办各种文化沙龙、讲座、报告会、新书发布会等活动。浙江出版联合集团总裁童健曾说："尚斯博库书店是中俄两国出版界友好合作的成果，是两国人民文化交流的一个窗口。她是一家书店、一个网站，也是喜爱中国文化的俄罗斯读者温馨的家。"

在设立尚斯博库书店的同时，浙江出版联合集团也开通了尚斯博库网站。读者如果在书店内没有找到想看的图书，可以直接使用书店提供的博库网电子显示屏，在拥有70多万种中文图书的博库网上进行搜寻并下单，待到货后再到书店取书。这为读者阅读提供了很大的便利，也进一步展示了当代中国信息技术的飞速发展，树立了良好的对外服务形象。同时，尚斯博库书店内还设有浙版书专区，重点向俄罗斯读者推荐介绍由浙江各出版社出版的精品好书，充分展示了地方特色。"尚斯博库书店""尚斯博库网上书城"被中俄两国政府列入"中俄传媒年"的成果之一，充分显示了在传播中俄两国文明中的重要作用。

聚焦"一带一路"倡议，绵延丝路书香

相知无远近，万里尚为邻。自"一带一路"重大合作倡议提出以来，出版界自觉担当"丝路故事"的讲述者、"丝路文化"的传播者、"丝路精神"的弘扬者，力求在深层次、全方位的出版交流合作中促进"一带一路"倡议沿线国家的文化交流与文明互鉴。

在世界范围内，传统出版正在向数字出版转型。在融合出版方面，浙江出版联合集团正在深入推进。"我们希望通过网络和数字技术，向'一带一路'沿线国家的广大读者介绍中国文化。"集团董事吴雪勇透露，为配合"一带一路"倡议沿线国家青少年学习汉语，集团正在与位于浙江杭州的中国移动阅读基地合作，建设"一带一路"倡议沿线国家中小学数字图书馆。他表示，集团希望与"一带一路"倡议沿线国家建立更为密切顺畅的交流合作渠道，共同推进版权合作、进出口贸易、实体机构建立和资本项目等各方面的合作，实现共进共赢。

截至目前，浙江出版联合集团已经与马来西亚、新加坡、印度尼西亚、印度、斯里兰卡、伊朗、塞尔维亚、阿尔巴尼亚、罗马尼亚、吉尔吉斯斯坦

等 20 多个丝路国家建立了合作关系，并取得了阶段性的成果。集团与世界近百家出版社有出版业务关系，合作对象包括德国贝塔斯曼及兰登书屋，英国培生出版集团、麦克米伦出版公司、DK 出版公司，法国阿谢特出版公司及拉鲁斯出版公司，日本小学馆、讲谈社等世界著名出版公司，以及牛津、剑桥、哈佛等大学出版社。近年来有 1000 多种图书进行了版权贸易和合作出版。集团出版的"应用数学丛书"由斯普林格出版社出版英文全球版；与英国爱格蒙特出版社合作的中文版《冒险小虎队》已印行 2000 万册，是目前国内发行数最多的引进版图书；浙江教育出版集团的《科学》《数学》教材已经相继与马来西亚、泰国、喀麦隆等国家实现版权输出和出版合作；与俄罗斯等境外出版和教育机构合作，启动了汉语教材合作出版项目；《之江新语》多语种翻译出版工程全面启动，西班牙文版在阿根廷首发，英文版、德文版、日文版翻译进展顺利；《图说中国古代四大发明》版权以五种文字输出六个国家；《中国古代 24 孝故事》《茶的故事》等图书，达成了《中国文化丛书》《中塞交流史话》等合作项目，麦家作品的海外版权已经输出 28 个语种，累计在 22 个国家设立 50 个"悦读浙江"书柜；畅销书《人民公开课》《风声》均实现多个语种版权输出。

三、融合发展扶持数字出版

数字出版是人类文化的数字化传承，它是建立在计算机技术、通信技术、网络技术、流媒体技术、存储技术、显示技术等高新技术基础上，融合并超越了传统出版内容而发展起来的新兴出版产业。它强调内容的数字化、生产模式和运作流程的数字化、传播载体的数字化和阅读消费、学习形态的数字化。数字出版在我国虽然起步较晚，但是发展很快，目前已经形成了网络图书、网络期刊等新业态。手机出版是传统数字出版转向智能数字出版的一个重要标杆，在近年得到了迅猛发展，是目前传统数字出版转型发展的重要机遇。

数字出版助推企业做强做大

与以纸质印刷为基础的传统出版相比，数字出版的内容更加广泛，包括电子图书、数字期刊、网络原创文学、手机出版物、在线出版物等多样化的产品形态。互联网已经渗透到人们日常生活的方方面面，信息的空前膨胀和信息获取渠道的畅通，为人类提供了前所未有的信息选择自由权，而移动技术大大拓展了阅读的空间，真正实现了随时随地的移动阅读。面对不同群体的读者，移动阅读突破了传统阅读的局限，更加符合当代人的阅读习惯。我国数字出版产业保持着较快的发展态势。2018 年，中国数字出版产业总收入超过 7000 亿元，从体量和增量上看，数字出版已成为新闻出版业重要的经济增长点和主体产业。

浙江出版联合集团对发展数字出版认识清醒，起步较早，于 2009 年成立全资子公司——浙江出版集团数字传媒有限公司。作为集团内从事数字出版的专门机构，数字公司统一整理、规范管理集团所属各出版单位的数字内容资源和版权资源，依托集团传统纸质出版优势，集中开展数字出版技术研发和新媒体商业化运营。主要发展方向是以大型数字内容资源库为基础，开拓以数字内容整合、加工、出版和基于特点内容的个性化增值服务为主的数字出版业务，并为浙江出版联合集团整体转型升级探索可行路径。洞察国内国际出版业的发展形势，浙江出版联合集团有限公司董事长鲍洪俊表示："我们深感推进数字出版发展已经成为出版业凤凰涅槃的重大机遇。传统出版是我们的立身之本，是定海神针；数字融合是我们壮大事业产业的必由之路，是发展未来。"

然而，与全国数字出版市场井喷式发展的实际相比，集团数字出版还处于起步期，现有的数字出版项目规模小，资源综合运用度低，难以形成规模效应。这些困难和短板，有些是传统出版原来就存在的，有些是在互联网环境中衍生的，二者相互交织，加大了发展的阻力。

为促进数字出版发展，集团将融合发展作为未来发展的三大战略之一，确定推进数字出版转型的总体目标：努力发展新产业、新模式、新业态，加快从内容生产商向内容服务商转型，到"十三五"末，基本形成基于互联网和移动终端的新兴出版产业链，新兴出版产业链经济体量占比达到 30% 以上。为加强顶层设计，集团确定"双层多元"的数字出版发展方式："双层"指主体责任上分成集团和子公司两个层面，"多元"指出版主体全覆盖，还指推进手段上采取多种方式，形成的产品和服务以多种形态呈现。在集团层面，制定了数字出版转型指导意见，建立健全了项目扶持机制、规划引领机制、综合服务机制、人才保障机制和考核激励机制，确立了并购较为成熟数字出版平台、打造超级客户端的战略目标。在子公司层面，要求各单位按照移动互联网思维改造传统出版流程，设立独立部门，配备专业人员，并依托各自的专业禀赋，围绕集团的主营业务，在内容服务领域拓展广度、夯实厚度。集团将根据业务发展的需要，将业态相近、具有资源整合可行性的部分二级单位整合，改变点多面广但规模偏小、资源分散的局面，推进数字出版扩盘增容、提质增效。

近年来，集团启动融合创新项目近百个，一批重点项目取得了阶段性成效，目前集团已形成从电子音像出版、光盘复制到全国性的连锁发行产业链。浙江电子音像出版社年出版 CD、VCD、DVD、CD-ROM 和各类音带 200 余种，年复制总量 2000 万片（盒），出版的电子图书《邓小平》《中国少年儿童百科全书》《宋词三百首》《论语》《中华茶文化》《丰子恺漫画集》等受到普遍好评。

这几年发展迅速的知识付费领域，已经形成了庞大的用户群和 PGC（得到 APP）、UGC（知乎）、PUGC（喜马拉雅 FM）等明晰的内容生成模式，印证了在移动互联网技术革新过程中，人类知识生产、知识服务、知识消费的碎片化、便捷化、全息化、立体化已成趋势。集团将坚持"社会效益第一"的标准，发挥在传统内容生产领域多年耕耘的优势，把握"知识服务用户"的数字出版大逻辑，建立数字出版内容、流程标准，形成适应从内容提供商向服务提供商转型的体制机制，努力在移动终端为人民群众提供更加丰富、更加优质的数字出版产品和服务。

5G 技术为数字出版带来无限可能

5G 技术将给出版业带来颠覆性变革，推动出版业迸发更加强烈的活力。因此，出版业必须立足于深度服务用户，捕捉技术对需求影响的灵敏变化。鲍洪俊认为，这种需求表现在三个方面：一是碎片化和系统化内容需求。用户使用知识内容和服务的场景越来越碎片化，可以在任何场景下获取内容，出版服务商要通过内容数字化和碎片化处理，让用户获取内容更便捷更灵活，同时也要满足用户获取系统知识图谱、深度知识图谱的设计需求。二是精品化和专业化的需求。新的内容行业已经从"有没有"向"精不精"转变，对思想内容提出了专业化、精品化、系统化、精神化的要求。三是不同载体的内容需求。如何利用新技术，如何解决移动端和互联产品的内容供给问题，如何系统化打造内容，如何将技术和内容深度融合，已经成为出版业共同面临的问题。

从 2G 到 4G，大众传播逐步实现了高速率传播、多媒体展现、大范围覆盖、即时性互动。然而 5G 时代的到来将以一种全新的理念塑造出版业，让数字化技术引领出版业创新发展的新态势、新潮流。5G 要求出版业更大面积地聚焦内容和用户，更大程度地满足个性化、网络化阅读需求和传播方式，为全媒融合、万物皆媒插上技术的翅膀。对于数字阅读行业，5G 与大数据、云计算、人工智能、物联网等技术的结合将拓展数字阅读的应用空间及场景，使"万物皆可为媒介"的发展趋势愈加明显；与 VR、AR、游戏、音视频等形式的融合，将使内容的展现形式更立体，从而助力开创全新产业空间和市场价值，推动出版业高质量发展。

融合发展，出版刊物将走向数字时代

随着互联网、5G、物联网、人工智能等技术的快速发展，读者对出版物的升级需求明显提升，数字读物、语音作品和视频等新兴的出版物越来越受到读者的欢迎，出版行业需要从技术、内容以及出版渠道等方面进行融合发展，同时借鉴互联网等新技术平台，不断扩大出版物的传播面，为读者提供更多内容精彩、方便阅读的优秀作品。2018 年，国家层面全面实施"数字出版千人培养计划"，AR、VR 与人工智能初步应用于出版，出版 IP 模式从过去单一的纸质读物延伸至电影、电视、游戏和动漫等，这些都充分表明，融合发展已然成为出版行业共识。

在出版融合发展的探索中，浙版集团不追求"花架子"，所有经过评审论证后的项目，最终还是回到市场上去接受检验，积极探索，调整完善。正是这种把市场检验作为唯一标准的务实态度，让浙版集团涌现出了一批基础实、效果好的融合发展项目。

浙江教育出版社的青云端便是一个模式探索的典型案例。在青云端项目规划形成之前，浙江教育出版社一直在寻求开展在线教育项目的机会。就在这时候，几个编辑做的微信公众号引起了高层的关注。在"解剖麻雀"式的认真分析后，浙江教育出版社领导班子肯定了这种探索的重要意义。随即，浙江教育出版社从资本引入、内容调整、渠道建设、产品线丰富、市场接入、人才引进等多个方面对青云端项目进行重新评估定位和资源注入，形成了完整的项目体系。2016 年 3 月，浙江青云在线教育科技有限公司成立，在线教育服务平台项目正式实施，短短几个月便积累了数十万用户。在平台建设的带动下，浙江教育出版社少儿 e 百科全媒体出版工程等出版融合项目，也进入了实施阶段，共同建构了丰富的在线教育平台和产品线。

天下网商的模式探索则是浙版集团在融合发展中的另一个典型案例。谁也不曾想到，这个与全球最大电子商务企业阿里巴巴共同投资的媒体项目，在成立之初规划的以杂志和网站为主要产品的运营模式，一推出便遭到了市场冷遇。在面对困境时，决策层对天下网商项目进行多次重新论证和研究，并快速调整运营思路，确立了"读者用户化、内容产品化、产品品牌化"的全新探索方向，以互联网思维全面改造传统媒体的运营方式：一手抓专业化垂直媒体集群建设，通过媒体产品积累用户；一手抓服务产品研发，通过产品实现从用户到效益的转化。事实证明，天下网商的这一轮调整卓有成效，公司在第二年便走上发展的快车道。如今，天下网商电商媒体产品覆盖用户超千万，年主营收入近亿元。

浙版集团在融合发展的具体进程中，采取了"以点带线、以线带面"的做法。集团通过布局重点突破性点位，在线教育、数字出版、文化物联、全媒体传播等线性流程之间互相影响、互相交织，最终推进出版各环节的全产业链融合发展。

资料来源

[1] 晓雪：《5G 时代数字出版创新成焦点》，《中国出版传媒商报》，2019 年 5 月 31 日，第 18 版。

[2] 陈菲、严红枫：《浙版主题图书缘何获追捧》，《光明日报》，2019 年 1 月 24 日，第 7 版。

[3] 鲍洪俊：《以数字出版助推传统出版企业做强做大》，《光明日报》，2018 年 12 月 6 日，第 10 版。

[4] 张贺：《出版"走出去"渐入佳境》，《人民日报》，2018 年 8 月 30 日，第 17 版。

[5] 张蔚：《中国书店落地海外 文化"走出去"新路径——以浙江出版联合集团"走出去"为例》，《出版广角》2018 年第 1 期。

 经验借鉴

浙江出版联合集团作为浙江省文化传播行业的领军者，深感建设"文化浙江"责任重大，责无旁贷。集团坚持出版主业优先的战略调整，尤其在精品出版、数字出版以及出版"走出去"等方面取得了重大突破。综上，集团融合创新发展出版行业的主要经验有如下几条：①深入贯彻浙江省委对全省宣传思想工作提出的"守正创新、立破并举、担当作为"要求，适应国际国内出版业发展趋势，聚焦高水平高质量发展，努力推进战略转型，推动质量变革、效率变革、动力变革。②坚守文化责任，在做强主题出版上担当作为。围绕新中国成立70周年、全面建成小康社会和建党100周年等重大主题，立足浙江"三地"资源，制定主题出版项目3年规划（2019～2021年），形成八个方面328种主题出版重点选题。此外，也要做好主题出版工作，必须抓住互联网变量，不断探索"主题出版+多媒体+服务"的创新之路，大力倡导媒体融合，实现资源共享、利益互惠，为主题出版物赢得更大市场。③加快推进"传统出版+"，对头部资源进行全版权运营，把握智能出版规律，整合内部资源。强化用户思维，在推进发行转型上担当作为。以实体书店的创新转型和大数据分析与服务能力的构建为核心抓手，对全省200多家新华书店进行系统性、全方位的转型升级。④坚持对外合作，注重文化传播内容。图书是文化传播的载体，扎实推进《之江新语》多语种翻译出版工程，深入实施"丝路书香工程""经典中国国际出版工程"和"浙江网络文学海外推广行动"等。在信息快速发展的今天，应该充分重视中国文化产业的建设和文化作品水平的提升。没有哪个文明是一座孤岛，中国文明要想更好地走出去，被更多人所接受就应该在自身品质上提高要求，着眼于提升中华文化软实力，将更为优秀的文学作品和文化产业推向世界。⑤汇聚世界化、多元化的出版人才。中国出版企业不仅仅以中国员工为主，还需要大量具有不同文化背景以及来自不同国家和地区的编辑、出版和发行人才。这样才能更好地提升跨文化、跨语种的出版能力，能够出版更多被不同国家、民族以及不同文化区的人们乐意接受和喜爱的文化产品，推动中国出版高质量"走出去"。⑥引进先进技术，提高数字化水平。数字出版业在出现之后能够得到如此迅速的发展，其主要依靠数字信息及相关技术的发展。我国数字出版在相关技术和硬件设施建设方面与其他数字出版强国具有较大的差距。所以，各个出版集团要加大对于技术、硬件设施建设等方面的投入，加强培养与数字出版相关的高精尖人才，鼓励集体创新，提高我国在整个出版行业的信息化程度。⑦出版行业要加快向知识服务转化。在数字文明时代，知识传播的方式必然走向分众化、小众化、个性化、量身定做、精准传递，知识提供是连接信息生产者和信息消费者双方的手段，服务是实现价值的根本。同时知识服务平台要打破以编辑为导向的传统思路，要根据已有用户阅读属性、阅读习惯，深挖

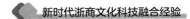

用户需求，在提供精准知识服务的同时，进行原创内容孵化，通过图文等多形态内容资源构建内容数据库，实现流量、内容、平台的多维度共生发展。⑧始终将社会效益放在首位，经济效益兼顾发展，高度实现了社会效益和经济效益的统一。

本节启发思考题

1. 在数字媒体如此发达的情况下，传统媒体如何吸引消费者并创造利润？

2. 新时代的主题出版如何出彩？如何精准对接消费者需求？

3. 如何掌握及利用当今时代下畅销书市场的规律与节奏？

4. 图书出版"走出去"的使命是什么？

5. 哪种中文类图书的选题更加契合国外读者的需求？

6. 如何推动中国出版高质量"走出去"？

7. 出版业该如何把握技术更迭的重大机遇？

8. 5G 技术将如何改变读者的阅读体验？

9. 如何实施以及实现出版全产业链发展？

影视节目发行与科技融合：
浙江华策影视股份公司案例

 公司简介

　　浙江华策影视股份有限公司（以下简称华策集团），创立于2005年10月，总部位于浙江杭州，以打造电视剧、电影、综艺节目内容"三驾马车"为核心内容，涵盖影视内容、新媒体、虚拟现实、实景娱乐及影视园区建设等多元化全媒体全产业发展格局。经过十四年的创业发展，华策集团已成长为浙江省文化出口前十强、浙江省文化出口重点企业，是中国最具盈利能力和品牌美誉度的华语影视企业，目前国内规模较大、实力较强的民营影视企业之一。截至2019年3月，华策集团总资产119亿元，所有者权益71亿元，拥有上海克顿文化传媒有限公司、浙江金溪影视有限公司等51家子公司。目前，华策集团影视剧产量全球第一；全国卫视电视剧播出量占比18%，全国第一；全国网络视频新剧点击量占比15%，全国第一。

　　作为中国电视剧第一股，多年来，华策集团坚持以"做全球最好的华语影视剧，传播优秀中华文化"为宗旨，以工匠精神专注内容产业，以家国情怀传播中华文化，在内容推广、渠道扩充和平台建设等多方面、全方位推动中华文化"走出去"。

 案例梗概

　　1. 浙江华策影视股份有限公司搭建工业化体系，结合互联网新媒体，保持高产内容精品化。

　　2. 开展多元化衍生业务，形成"SIP+X"的多产业联动模式，打造泛娱乐消费生态圈。

　　3. 延伸内容传播广度和深度，全面覆盖多个国家和地区，助推中国电视剧国际影响力创新高。

　　4. 创办影视国际活动平台，推进与各大媒体开展的战略合作，注重海外布局。

　　5. 坚持"华策四大战略"，打造具有国际化思维的平台型企业，做到内容和渠道深度融合。

　　6. 以"走出去"为己任，推广自身品牌，将中国文化元素渗透到海外市场。

　　7. 建立中国（浙江）影视产业国际合作实验区，做中华文化走出去的重要窗口。

　　8. 打造"影视+教育"人才培养战略，深化产教融合与校企合作，持续输入高质量人才。

　　关键词：产业联动；SIP+X；工业化体系；平台型企业；华流出海；产教融合

 案例全文

　　影视是人类社会发展到一定阶段的产物，凝结着人类的思想和智慧，反映了社会生活的各个方面，并在一定程度上传播文化、交流文化。影视对社会的进步发展有着不可替代的推动作用。在信息产业飞速发展和市场竞争日趋激烈的当今，为了提高影视传媒市场总体水平，打造顺应现代化潮流的精品内容，需要从内容本身到特效制作乃至宣传的升级变革。

　　目前，"内容为王""超级 IP""二次创业""产学研"等已经成为我国影视传媒企业面对如何"走出去"的热门话题，很多影视传媒企业都在积极探索"走出去"的方式方法，华策集团也是其中一员。华策集团作为目前国内规模较大、实力较强的民营影视文化企业之一，以"打造华人文化传媒旗舰，传播优秀中华文化"为宗旨，积极实现"华流出海"。为了更好地应对未来的挑战，华策集团多策并举，推动中华文化在全球大舞台上绽放光彩，在"华流出海"、"二次创业"、持续"走出去"等方面都展现了华策集团的真实实力，保持着影视文化行业领先者的地位。

一、内容为王，保持行业领先者地位

　　华策集团始终紧扣时代旋律，专注内容制作，以"SIP＋X"战略布局电视剧、电影、综艺节目内容"三驾马车"，不断提升影视剧的精品化、国际化、全网化和主流价值化水平，优秀影视剧年产量、全网播出率、市场占有率均保持全国第一。2016 年开机全网剧 15 部 732 集，全年累计首播全网剧 25 部共 1000 集，在网络点击和电视台收视排名前十部电视剧中，华策集团均占比 30%，点击量破 1000 亿次，持续保持着行业规模优势与头部精品内容绝对优势。但华策集团并未因此而懈怠，其不断创新主旋律内容，出品的多部浙产影视剧，如《国家命运》《全家福》《听风者》等备受好评，有的荣获全国和浙江省"五个一工程"奖，有的入选浙江省精品工程等，还有的荣获飞天奖、金鹰奖、金马奖、法国戛纳电影节最佳导演奖等国内国际重要奖项。

搭建工业化体系，持续出品爆款

"你就算没听过华策集团的名字，也一定看过他们的剧。"业内对华策集团的描述，形象地呈现了华策集团的规模和头部内容上的优势。伴随着互联网战略的不断推进，华策集团正在一步步实现电视剧、电影、综艺和新媒体的"全内容驱动"。华策集团创始人、总裁赵依芳说："我们还是坚守内容，做好的内容生产公司，引领行业发展的趋势。做强、做大、做高内容，打造规模化爆款。"华策集团的这种惊人的生产力与爆款确定性背后是企业工业体系与战略"两条臂膀"的联合支持。

华策集团的工业化体系，即"大数据筛选—研发题材—项目评估—整合资源—制作"五大环节，这个体系背后还有大数据、智能端以及平台多方面的持续支撑。公开资料显示，2013 年华策集团斥资 16.52 亿元并购了年产 400 集的上海克顿传媒，一跃成为国内体量最大的电视剧公司，电视剧产能达到年产 1000 集，在市场份额中，华策集团出品占到 15%~20%。换句话说，国内每年 10 部电视剧中，就有 1 部是华策克顿出品，而市场上其余几家头部公司产能在 200~500 集。通过长期的融合，华策集团和克顿传媒已经建成了整个产业平台的搭建和合伙人体系，这些深度融合使得双方的合作更加紧密。

华策集团的战略"两条臂膀"是指，一端以发行板块为抓手，一端以内容研发为抓手，从源头与终端两个核心，嫁接中间的板块，从而整体布局电影产业。华策集团致力构建良好的内容生态，据公告，2018 年华策集团全网剧开机 12 部，取得发行许可证 14 部，首播 14 部；电影（含动画电影）开机项目 3 个，上映 8 部，其中发行执行 4 部、联合发行 1 部、投资及主控宣发 3 部，累计票房逾 17 亿元；综艺及网生业务有浙江卫视《异口同声》、东方卫视《同学会》、"苏宁 817 晚会"、"淘宝造物节"、"1019 抖音晚会"，以及与腾讯联合出品制作的《千年代购小十七》等竖版微剧。尤其值得一提的是综艺项目，这是华策未来在内容上要重点打造的"三驾马车"之一。华策谋划好项目、好团队和好渠道的通力合作，比如在北京卫视播出的综艺《跨界冰雪王之冰上星舞》，由张艺谋担任出镜总导演，奥运冠军申雪、赵宏博担任总教练，已与2022年北京冬奥组委会达成合作，将连续播出5季，持续至北京冬季奥运前。该节目还与冰雪体育产业深度结合，进行全产业链开发，实现跨界变现。长远来看，综艺和旅游、电商等产业结合的模式最佳，未来华策集团也将着重探索实施多元化变现模式。

拥抱新媒体，依托互联网带动文化产业

华策集团通过旗下爆款IP结合VR技术和手段实现内容再创造，重心依然放在了内容技术上，没有过分地追求"泛虚拟现实生态"。2016年4月，华策集团宣布与中国美术学院签署战略合作协议，正式达成战略合作。双方共建"影像创新实验室"，不仅在VR电影、VR游戏、动漫等领域进行重点开发，还着力培养眼下十分稀缺的VR人才。之后华策集团宣布对Magic Leap公司进行投资，成立VR产业基金。Magic Leap的开发方向是将虚拟世界景象完美呈现到真实世界中，采用的数字光场增强现实技术，是虚拟现实的前沿显示技术。华策集团表示，AR技术目前处于科技应用领域的前沿，公司看好其在娱乐行业的适用前景，及早通过合适的资金规模布局，有利于在变革到来前做好准备。华策集团还表示，涉足虚拟现实领域是公司长久以来的规划。随着虚拟现实技术的不断成熟，与影视娱乐的融合是必然趋势，虚拟现实内容拥有的交互、沉浸特点，将导致叙事方式、表现手法发生变化，为影视行业带来一次巨大的革新。

与此同时，华策集团构建了一个可直达并沉淀粉丝的"新媒体矩阵"，涵盖"视频网站、网络直播平台、移动互联网终端、各种专业垂直媒体"的新媒体金字塔。作为国内最大的电视剧制作公司，华策集团是互联网公司期望合作的对象。2014年，百度曲线入股华策集团，联手形成协同效应。华策集团的网络播出权优先供给百度，特别是旗下的爱奇艺，而百度的新媒体渠道、大数据资源则与华策集团共享。2014年，华策集团还与小米科技建立合作，开放节目版权库在小米的终端以聚合的方式全面上线。华策集团通过彻底打通互联网和影视的界限，从IP开发的最初即对剧目、电影、游戏、电商衍生品等全产品线进行一揽子运营。华策集团向新媒体的转型不仅仅只是给公司的影视作品增加一个网络的播放平台，更会给公司带来诸如广告运营、付费收看、IP授权、电子商务、粉丝经济等新的收入来源。

"SIP+X" 泛娱乐布局，超级 IP 提升内容价值

2015 年，华策集团在上海宣布启动"SIP+X"战略，即以"超级 IP、超级制作、超级明星"的现象级产品为核心，全面辐射到游戏、新媒体、实景娱乐、VR、AR、体育等周边产业，形成有效且强大的板块联动。公司又在"SIP 战略"基础上，通过与旅游观光、互动娱乐、教育培训、时尚品牌等多个行业的融合发展，提升娱乐内容的价值，由娱乐内容的"供应商"向"运营商和增值商"衍生，实现"SIP+X"战略升级。

华策集团贯彻落实"SIP 战略"，将其中的电视剧版块升级为全网剧，即用互联网思维来做电视剧，以网络用户为导向，互联网渠道和传统渠道并行。2016 年，华策集团全网剧在题材、IP 开发和运营模式等方面取得不少创新成果。《解密》在制作过程中，华策集团将原著小说与偶像 IP 深度聚合，引发传统观众与年轻观众的耦合效应。除此之外，多元化运营模式使华策集团为行业树立新标杆，试水纯网付费独播获得极大成功，网剧《我的奇妙男友》，点击量累计超过 26 亿且豆瓣评分达到 7.5。由此可见，全网剧战略通过模式创新，帮助华策集团进一步站稳了电视剧圈龙头的地位，营收利润远超行业平均水平。2016 年华策集团转型升级后，该年成为全网剧、综艺、电影全内容的爆发年，"SIP+X 泛娱乐布局"可谓风生水起。

总裁赵依芳表示，"2.0 时代"的一个显著标志是观众变了。面对"网生代"，内容和传播体系发生巨大变化。从产业角度来看，越来越多的 IP 来自网络文学，而内容产业正成为泛娱乐产业。因此，华策集团强调超级 IP 开发，注重 SIP 本身的品质和故事的多元跨领域开发性、自带的粉丝流量和广阔多样的变现模式。同时以各泛消费行业为切口，打造"全新消费场景"，以及随之而来的"生活及娱乐体验、新生态系统与商业风口"。

二、"华流出海"，推动中华文化在全球大舞台绽放光彩

伴随中国实力和中华文化的崛起，以及为实现中华文化伟大复兴和"一带一路"倡议的美好愿景，华策集团"质造经典、华流出海"的战略构想全面铺开。赵依芳在演讲中提到："华流出海，彰显文化自信，华策集团立志于制作出让全世界都喜欢的中国内容，推动中国文化走向世界。"作为"华流出海"的首倡者，为推动中华文化在全球大舞台绽放光彩，华策集团以影视为

桥，向世界推介了一大批具有中国特色、凸显中国精神、蕴含中国智慧的优秀中华文化影视作品。

华策集团一方面走国际化合作路线，另一方面积极探索新商业模式，投资 O2O 旅游领军企业"景域文化"（驴妈妈的母公司），试水"影视 IP＋旅游"等。具体而言，华策集团将打造国际要素、科技含量、文化创意附加值和高端人才密集的产业大平台，使之成为新时代"华语影视内容生产中心""东方文化国际交流重要城市"的重要支撑点和对外的一张"金名片"，为成为中国影视全球传播的重要基地，弘扬国家文化自信做出贡献。

持续内容推广，不断延伸广度和深度

一方面，华策集团凭借市场化机制的成功，将 1 万多小时中国影视精品力作行销全球 180 多个国家和地区。截至 2018 年底，公司影视出海版图已经覆盖超过 20 个"一带一路"倡议沿线国家和地区，发行内容时长达 11832 小时；G20 和金砖国家实现全面覆盖，分别发行 14275 小时和 2311 小时；华策集团也已成功开拓美国、英国、法国、加拿大等欧美主流市场。古装剧《天龙八部》登陆土耳其，现代剧《创业时代》在新加坡、马来西亚播出。

另一方面，华策集团助推中国电视剧国际影响力达到新高度。主旋律题材剧《解密》《海棠依旧》荣获 2016 年中美电影节"优秀电视剧金天使奖"，并成功登陆北美卫视 GETV；香港回归 20 周年献礼剧《传奇大亨》成为首部获戛纳电视节官方展映资格的华语电视剧；《解密》《亲爱的翻译官》在北美一大批视频网站热播，收视表现超过同期韩剧，受到 70% 非华裔观众热追并自发译制成 30 多个国家的语言字幕。

推进渠道建设，大力发展多策并举

一是自主创办华语影视国际活动平台。华策集团连续举办四届中国影视艺术创新峰会、五届中国影视艺术创新峰会、三届国际艾美奖半决赛评审、八届香港电视节之夜等多场高峰论坛，有力促进影视行业国际交流与合作。2017 年以来，华策集团作为运营主体的中国（浙江）影视产业国际合作区，会同中国电视剧制作产业协会成立中国电视剧（网络剧）出口联盟。2017 年 5 月，在浙江省和杭州市相关部门支持下，华策集团首次将法国戛纳电视节引进杭州，创办中国与国际影视互动交流的高峰论坛。

二是自主搭建全球范围及"一带一路"倡议沿线国家和地区华语影视联播体。在新媒体合作方面，华策集团与 YouTube、美国网飞（Netflix）、法国 Dailymotion、新加坡 VikiVOD 等 10 多个国家和地区新媒体平台建立了华策频道或华策专区打造"华剧场"，受众覆盖美洲、欧洲、亚洲、澳大利亚、中东、非洲等 30 个以上国家和地区；在运营商合作方面，华策集团分别与 Now TV 和华为等运营商开展内容合作，通过华为在海外各地区 IPTV 合作伙伴，搭建全球华语影视联播体，进一步加强内容落地；在传统电视台合作方面，华策集团与浙江国际、安徽国际、广西国际、内蒙古国际等境内国际频道和国内在非洲颇具规模的四达时代集团开展合作，累计播出内容逾两千小时。

三是全力推进"全球娱乐合伙人计划"。华策集团与 Jungo TV、Now TV、Dailymotion、聚合传媒、美国 Dramafever 及华为、爱奇艺等海外新媒体平台深度合作，与英国最大商业电视台 ITV、BBC，华纳兄弟，欧美最大视频网站 YouTube、福克斯，美国索尼电视、艾德蒙、CMMI 和韩国 NEW 等全球知名影视传媒机构在内容、渠道、资本运营等环节建立多层次战略合作，形成国际同业娱乐交流合作。此外，华策集团自主运营的 OTT 国际平台也即将面世，它不仅将连接起全球大部分地区的剧迷，也将以更为灵活的互动形式，呈现更为丰富的华语影视内容。

四是注重海外布局，在重要国家和地区设立分支机构。自 2014 年成立华策影业以来，华策集团积极开拓海外影视布局。华策集团分别在美国、韩国、中国香港、中国台湾建立了办事处或分公司。2016 年 1 月美国办事处成立后，有效推进了华策集团与 FOX、好莱坞知名制片人等各项合作项目的落地和实施，促进了华策集团的制作规格和工业化体系建设。美国办事处成立了专门的国际内容合作部门，聚集中美双方优秀主创，用国际化的视觉语言和制作标准从事中国影视文化的内容创作，运用国际大数据进行推广营销的再制作，实现中国影视内容国际化的终极目标。

2014 年参股韩国电影行业巨头 NEW 公司后，华策集团给"华流出海"开拓了一条国际通道。2014 年 10 月，华策集团斥资 3.23 亿元人民币投资 NEW 公司并持有其 15% 的股份，成为其第二大股东，创下中国企业在韩国影视行业最大规模投资，成为中韩两国签署《中韩电影合拍协议》以来首个实质性进展项目。《太阳的后裔》独播平台爱奇艺也于 2014 年与华策集团共同成立合资公司华策爱奇艺影视公司，以方便后者为前者提供视频内容。如此一来，韩国制作方 NEW 公司、华策集团、爱奇艺一条产业链条形成了有效闭环。影视行业垂直产业链的高效整合，产生了 1+1 远大于 2 的效应。2017 年 2 月，华策集团与英国 ITV 达成战略合作；2017 年 7 月，华策集团与俄罗斯领先的独立广播公司 CTC 传媒及俄罗斯最大的私人传媒集团之一的国家传媒集团（NMG）达成战略合作⋯⋯

三、"二次创业"打造中国影视国际化的实验区平台

2015 年华策集团内部提出"二次创业"，工业化之路便由此开始。简单来说，搭建平台汇聚资源中台和职能后台，支撑创意前台规模化地制作优质内容。同时，大数据支持、内容评估体系、全流程风控体系能够减少试错成本，提高内容质量。

精英化高层人才，精细化团队协作

2016 年 3 月，华策集团引入著名咨询机构波士顿咨询公司，量身打造发展战略，提供智力和专业支持，并对公司现有的组织结构进行梳理提出调整建议。根据公司核心战略，华策集团确立了"年轻化、精英化、专业化"的人才布局策略，并经过长时间的谋划，启动"二次创业"团队的优化升级。

这次调整中，履新华策集团副总裁、董事会秘书一职的高远是公司老员工，曾被公司内部誉为最了解华策集团业务的首席法务官。他曾助推一家科技公司在"新三板"挂牌，被华策集团视为既熟悉公司情况，又懂资本市场运作的上佳人选。而接替张伟英新任财务总监的"70 后"王玲莉是高级会计师、国际注册内部审计师，同时也被誉为浙江省会计领军人才，曾先后担任商源集团等多家大型企业的财务总监。相继履新的不仅是上述两位，还包括时尚集团的高管、曾任职 BAT 等大型互联网公司的骨干、有着丰厚从业经历的媒体专业精英，以及曾任职全球顶级战略咨询公司的多位人才，也在陆续加盟华策集团"二次创业"团队。

就华策集团的高层调整的情况来看，有两个明显的特征：首先是入职高管年龄结构均为 70 后和 80 后，公司人员结构互联网化、年轻化、专业化、精英化的态势愈发明显；其次是团队分工和协作更加精细化，在并购和投资克顿传媒、天映传媒、小红唇等多家企业之后，华策集团围绕"SIP＋X 战

略"构筑了一个全新的产业生态，这也对华策集团的管理和支持能力提出了更高要求，唯有集团内部职能的区隔和精细化，才能成为解决此难题的"金钥匙"。

建设影视产业国际合作实验区，实现产业集聚民心相通

2012年，国家新闻出版广电总局正式批文建立中国（浙江）影视产业国际合作实验区。作为国内首个以文化出口为导向的国家级影视产业园区，该实验区占地面积50亩，总投资15亿元，已于2018年建成使用。它集影视创意创作、国际化影视传播交易、国际化复合型人才培养、影视外贸孵化成长、影视产业投融资及配套服务、影视文化研究六大产业平台于一体，目标是成为中国的"影视创意硅谷"、"华流梦工厂"和"一带一路"倡议民心相通的新平台。

在国际交流和交易方面，实验区将定期举办国际影视节目展览活动、影视作品研讨活动等影视国际交流活动，并与国际一流影视企业、机构开展广泛的合作与交流；在国际人才培训方面，实验区将以华策集团电影学院、育才基金、国际办学等为重点，建设面向全球的国际化、高端化、专业性、前沿性的影视人才交流培养重要基地；在国际研究方面，实验区将以大数据研究为核心，成立兼具产业性和学术性的研究机构，为影视产业提供强有力的资讯和研究支持。

之后，由杭州市政府、西湖区政府和华策集团共同打造的"影视小镇"也应运而生。"影视小镇"位于中国（浙江）影视产业国际合作实验区杭州总部，以国际化、智慧化、生态化为定位，打造成为影视名企总部大楼、众创空间、大师工作室和影视主题商业街的四大功能区，并建立涵盖信息、人才、创意、资金、活动、硬件在内的泛娱乐孵化生态系统，全面打通影视产业链。

打造人才培养战略，助推影视教育发展

2018年12月14日，中国影视艺术创新峰会在浙江杭州落下帷幕，该次峰会被外界评价为"重新找回影视行业自信"的一次盛会，亮点在于将"加强影视教育"放在了非常重要的位置，赵依芳发布重要演讲并把人才培养看作重塑影视行业崭新未来的重要方向。回望国产影视这一年的跌宕起伏，华策集团的思路不失为一个长远谋略。华策集团全心全力打造"影视+教育"双轮驱动、双轮引擎的人才培养战略，旨在从人才培养这个根本上激活影视行业发展的命脉。

华策教育为国内影视产业未来发展提供人才存量、增量，更要保证质量，因此华策集团从大格局观培养与塑造人才。2013年，华策集团创立"华策影视育才基金"，用5年时间培养100名左右具有世界眼光、战略思维、熟悉国际前沿技术和理念的影视产业领军人才，华策集团响应国家教育方针深化校企合作，与浙江传媒学院共建共管国内首个混合所有制本科二级学院——华策电影学院，构建"产学研用"一体化教学体系。2018年12月14日，华策影视高等研究院正式成立，标志着华策集团在产教融合、校企合作领域的重要探索。

除此之外，华策集团也极力支持鼓励年轻优秀的导演及编剧团队，先后投资了路阳的自由酷鲸、毕赣的荡麦影业，在集团内部设立华策克顿大学、推进硕士研究生联合培养等。同时，华策教育的探索之路始终紧跟国家发展大计，从《国家中长期教育改革和发展规划纲要（2010—2020年）》鼓励校企合作，到《国务院办公厅关于深化产教融合的若干意见》鼓励产教融合的模式探索。教育部和中宣部又联合下发了《关于加强中小学影视教育的指导意见》，这说明影视教育已经成为国家的一项全民发展大计。在政策指引下，华策集团在探索影视人才的体系化建设、阶梯化教育上不断努力，为我国影视教育的未来持续添砖加瓦。

四、不忘初心，以"走出去"为己任

作为中国电视剧第一股，华策集团始终坚持以工匠精神专注内容产业，以家国情怀传播中华文化。至今，华策集团已经相继参加了中国香港电视节、戛纳电视节、上海电视节、匈牙利电视节、北京电视节、韩国首尔电视节和中国台北电视节，接下来，还将参加东京电视节、戛纳秋季电视节、新加坡电视节等多个节展，分别推进针对日韩市场、欧洲市场和东南亚市场的发行工作。通过参加国际性电视节展，华策集团推广了自身品牌，与境外客户积极互动，找到更多资源互补的机会，使得合拍工作更有效更规范，并且与一些以往接触较少的国家和地区的电视机构建立了业务往来。

华策集团的电视剧及电影制作已经获得初步的成功。自2016年起，华策集团的爆款成效显著。作为建党95周年献礼片的青春热血谍战剧《解密》在国外网站获得 9.5 的高评分，被翻译成德、英、西班牙、法、印度尼西亚、波兰、匈牙利、葡萄牙等多种语言，海外平台总点击量近 400 万次，国产主旋律剧首次以市场化的方式走出国门；爱情轻喜剧《我的奇妙男友》海外知名平台点击量近 480 万次，覆盖北美、欧洲非华语地区，不仅获得 9.6 的高评分，还被网友自发翻译成 21 种语言；华策集团出品的《亲爱的翻译官》在华纳兄弟旗下新媒体平台 DramaFever 表现优异，均成为同期点击榜剧目中唯一一部华语剧；《何以笙箫默》导演剪辑版登陆 Netflix，成为迄今为止唯一一部进驻 Netflix 的华语现代题材剧。

华策集团从 2009 年起连续五届被评为"国家文化出口重点企业"，同时被评为浙江省文化出口前十强、浙江省文化出口重点企业。从 2014 年起连续三年荣膺全国文化企业 30 强。在 2016 年前三季度的全国电视平台收视率的排行榜单上前 10 名的剧，华策集团占 20%；前 20 名，华策集团占 20%；前 50 名，华策集团还是占 20%。这三个 20%证明华策集团对影视头部内容具有绝对统治力，且在同年荣获"中国 A 股上市公司人气指数排行榜"第一名。2017 年获评"全国十佳电视剧出品单位"。如今，华策集团拥有的 9000 余小时版权的影视内容已成功走出国门，华策集团的作品在全球 158 个国家和地区都能看到。华策集团持续保持民营影视企业海外收入全国第一，成为全球最大、最重要的华语电视剧生产和供应商。

资料来源

［1］欧燕萍、潘晓光：《杭州完全可以成为世界影视集聚地并且成为国际影视之都——市政协委员、浙江华策影视集团总裁赵依芳访谈》，《杭州日报》，2018 年 7 月 25 日，第 A23 版。

［2］范志忠、封雨汐：《互联网时代民营影视企业的产业融合与跨越式发展——以华策影视为例》，《浙江传媒学院学报》2018 年第 1 期。

［3］舒凯：《杭州华策影视推动中华文化"走出去"》，《服务外包》2018 年第 2 期。

［4］董小易：《华策打造影视产业创新生态》，《浙江日报》，2017 年 8 月 12 日，第 3 版。

经验借鉴

　　浙江华策影视股份公司响应党的十九大提出的号召"坚定文化自信，推动社会主义文化繁荣兴盛"，保持着做好内容的初心和坚守，牢记创作紧密契合国家和时代发展脉搏的文化精品，在国际上讲好中国故事、讲好中国文化是文化企业的使命。华策集团实现多策并举，推动中华文化走出去。综上，华策集团"华流出海"的主要经验有如下几条：①抢占"高科技"前哨。构建影视科技研究合作平台，成立并升级华策影视科技研究院，提升影视大数据的研究应用能力。与国际领先的科技影视创作团队进行包括 VR、AR 等内容的战略投资与项目合作，搭建国际化影视创作合作平台。②落实"SIP+X"布局。公司具备强大的 IP 储备、开发和运营能力，并实现网剧、电影、综艺、游戏的全内容覆盖和产业联动，形成"SIP+X"的多产业联动模式，开展多元化衍生业务，全方位链接并激发"X"种产业方向与全新消费场景，打造超级化、矩阵化的高品质头部内容生产平台，打造泛娱乐消费生态圈，同时坚持内容为王的初心，"三驾马车"稳步前行，做价值提升者。③优化"聚资源"能力。建设国际性影视节展示交易平台，连续举办五届中国影视艺术创新峰会、三届国际艾美奖半决赛评审、八届中国香港电视节华策之夜等多场高峰论坛，有力促进影视行业国际交流与合作。④提升"拓市场"能力。搭建影视国际传播交流平台，自主搭建全球范围及"一带一路"倡议方向华语影视联播体，在 Netflix，YouTube，Dailymotion，Viki 等媒体上打造的"华剧场"全球热播。2017 年 12 月，联合新文化、华谊兄弟、爱奇艺等十家单位成立中国电视剧（网络剧）出口联盟，联合国内影视企业抱团出海，规模化推广华语影视走出去。⑤解决"聚人才"问题。建设国际化高端影视人才培养平台，解决杭州影视行业领军人才、优秀青年人才和专业技能人才比较缺乏的问题，成功推出和发起浙江传媒学院华策电影学院、华策育才基金等重大项目。

本节启发思考题

　　1. 如何搭建工业化体系，实现电视剧、电影、综艺和新媒体的"全内容驱动"？

　　2. 伴随着科技与新媒体的飞速发展，影视传媒如何利用资源带动文化产业并实现革新？

3. 超级 IP 的开发如何助力电视剧、电影、综艺节目内容"三驾马车"的前行？

4. 影视传媒如何通过加强艺术电影内容与技术创新探索电影的广度和深度？

5. 培养当今影视媒体的国际化思维，推进与各大媒体开展战略合作的意义是什么？

6. 如何推动影视传媒高质量"走出去"？后续孵化机制是什么？

7. 建立影视产业国际合作试验区的意义是什么？

8. 如何实施以及实现影视行业产学研全产业链新生态？

9. 在数字媒体竞争激烈的情况下，影视传媒如何成功吸引消费者？

网络文娱平台与科技融合：
阿里巴巴文化娱乐集团案例

 公司简介

阿里巴巴文化娱乐集团（以下简称阿里大文娱）于2016年10月31日正式筹建，前身为阿里巴巴集团大文化娱乐版块，总部位于浙江杭州。短短的三年时间，阿里大文娱打造了投资发行（阿里影业）、票务流通（淘票票、大麦）、内容输出（优酷）等影视全产业链条，再加上阿里音乐（虾米、阿里星球）、阿里文学、阿里游戏、阿里体育、UC头条等众多应用，阿里大文娱的形态初步形成。阿里大文娱旗下的各个板块，包括核心战略业务，基本都是阿里通过投资、并购而来。通过资本的力量，短时间内构建起庞大的业务体系，随之而来的是长期的内部业务整合。

阿里大文娱的布局从渠道开始，通过收购影院、影视公司、在线票房平台，在外围建立据点，然后持续向内容渗透。在阿里大文娱生态化融合发展的大方向下，从淘票票到优酷再到大麦、体育等，生态效应正在阿里大文娱的各业务中慢慢展开。

 案例梗概

1. 阿里巴巴文化娱乐集团强调内容为王，构建剧—综—体内容铁三角，分版块发力打造爆款。

2. 加强垂直细分，布局"泛文化"，坚守"小大正"，去同质化升级。

3. 长期积累持续投入，强调主控，维持优质内容输出，以内容辐射影视衍生。

4. 线上线下场景渠道贯穿，实现目标精准触达和用户有效运营，赋能内容全域营销新模式。

5. 借助生态优势，完善衍生、版权服务链路，合作IP爆款助力商业化。

6. 加速内容输出聚合和板块整合，生态资源联动深化全产业链服务。

关键词：内容矩阵；泛文化；小大正；全域营销；IP 衍生全链路模式；全产业链

 案例全文

面对影视行业的激烈竞争，阿里大文娱持续推进"优质内容+新基础设施"的双轮驱动核心战略，在内容、宣传发行、综合开发等领域取得了突破进展。内容方面，优酷立足线上，以互联网为渠道输出内容，专注原创和精品栏目，聚集流量；阿里影业则涉及投资布局，与制作公司及院线达成合作，参投优质影片，扩大影响；宣传发行层面，淘票票、大麦网实现阿里大文娱内部和线下的联结，一个构建宣发矩阵，助推电视剧知名度，一个全面主攻渠道，将服务落地；作为阿里影业旗下衍生的平台，阿里鱼成为文娱产业链综合开发的重要工具，进行 IP 衍生开发，助力商业化。五者结合，形成一条完整的影视产业链，结构更简单，效果更显著。

一、优酷：持续输出优质内容

作为阿里大文娱的内容输出重地，优酷决定向内容的上游深度延伸，在自制影视剧上加大投入，建立"超级剧集"和"超级网综"两大内容矩阵。在影视剧、综艺版块接连发力之后，优酷又携世界杯直播项目高调开辟体育内容新战场，打造"剧—综—体"的"内容铁三角"。同时，优酷在综艺方面做出创新，开发具有一定社会责任和深远意义的"泛文化"类产品，用年轻人更熟悉的方式实现文化降维，扩大"泛人群"受众。

围绕"剧—综—体"构建内容矩阵

优酷意识到自制内容对会员的意义：如果能持续生产好内容，使用户的回馈形成连续性，将直接有利于消费者对单个内容项目的忠诚转移到对平台的忠诚。平台的信任感得以建立，便进入自造血的良性循环。2017 年 4 月，优酷提出"超级剧集"的概念，阿里大优酷事业群总裁杨伟东解释到，"超级IP""明星主创""电影级制作"三要素中，只要有一项达标，就是"超级剧集"。以这三个标准为基础，优酷把剧集分为古装传奇、女性言情、现代都市、燃血青春、悬疑冒险五个类型。随后凭借《军师联盟》《春风十里不如你》《白夜追凶》等超级剧集在播放量上占据了国内视频市场近一半份额，其中剧集《白夜追凶》以豆瓣评分 9.0、播放量超 40 亿之势席卷南北，成最大黑马。

与此同时，优酷强势推出四大超级网络综艺，创造内容全域营销新模式。2018 年 1 月 31 日，"这！就是 2018——优酷春季综艺新品先鉴会"在上海举办，强势推出《这！就是街舞》《这！就是铁甲》《这！就是偶像》《这！就是决战双声》四档系列爆款网络综艺。2019 年 5 月 18 日，《这！就是街舞》第二季开播，首播在豆瓣开分高达 9.7 分，整季稳居豆瓣 9 分以上的高口碑，创造了其他平台爆款综艺难以企及的口碑高度。高评分高口碑的背后，足以说明优酷自制网络综艺的上乘质量。

剧集和综艺两大传统战场的胜利，证明了优酷持续产生优质内容的能力，而拿下世界杯直播权则让行业看到了优酷"换道超车"的可能性。2018 年 5 月 29 日，优酷宣布成为 2018 世界杯央视官方新媒体合作伙伴，包揽本届世界杯包括直播、点播、短视频在内的多项权益，尤其是包括央视、PP 体育、新浪体育出品的 20 余档世界杯周边节目，以及优酷自制的由姜文、鹿晗、段暄、刘语熙加盟的《这就是世界杯》，央视合制的《奇谭十一人》，白岩松主持的《白看世界杯》及刘建宏主持的《宏观世界杯》等周边节目，令优酷在暑期档直接"开挂"。对于优酷的接连发力，杨伟东解释，拿下世界杯直播权，只是优酷长线进入体育内容领域的开始。以此为标志，未来优酷将以剧集、综艺、体育三大版块作为内容抓手全面加速，将成为改变长视频下半场竞争格局的关键节点。

布局"泛文化"内容开发

相比腾讯、爱奇艺更加注重"娱"，阿里大文娱更加注重"文"的发展。独具创新之处是优酷在"泛文化"方面做出的探索。所谓泛文化产品，其战略内核很简单：内容更亲民、分发更有效、调性更年轻、表达更多元、手法更时尚。优酷的泛文化产品，在定位上相对精准，主要服务高学历、高收入、高消费等"三高"人群，再经过社交平台的持续发酵、垂直用户间的口碑传播，以及平台的精准推送，使得这类"高冷"但有质感的文化类节目产生了可观的流量。优酷首提的"泛文化"概念，不仅带动其他视频平台开发文化类综艺，更由此引发了以"人民日报"为首的主流媒体对"泛文化"节目的极力推崇。通过"文化降维"的方式，让年轻的 90 后成为文化市场的主力军，事实证明，"泛文化"类节目正在朝"黄金时代"迈进。

《晓说 2017》自上线以来，便以强势的好评迅速占领豆瓣综艺榜高地，总播放量突破 4.8 亿，豆瓣评分 8.8 分；《圆桌派 2》更狂揽 1.7 亿播放量，豆瓣评分 9.2 分，该节目不仅在《新周刊》主办的"2017 中国视频榜"中获得"年度脱口秀奖"，更包揽金瞳奖"最佳原创内容栏目制作奖"铜奖；以赤诚之心传承古法匠艺的《百心百匠》，更是获得《人民日报》力挺，表扬它"以现代的视角，用很燃的方式，致力于让传统文化活起来"。

二、阿里影业：无上限投资口碑佳片

在阿里影业 CEO 樊路远的计划中，要把阿里影业打造成一家以互联网为基础平台的全新的内容公司。因此，他对内容的态度是"加大对优质内容的投入，无上限投入"。在 2015~2017 年，阿里影业与华谊、博纳、光线等合作参投了超过十部影片。其中，《碟中谍 5：神秘国度》《星际迷航 3：超越星辰》《七月与安生》等几部影片，不仅在豆瓣评分中有着 7 分以上的好口碑，票房表现也可圈可点。2018 年的阿里影业更是扬眉吐气，口碑佳片不断，票房爆款频出。2019 年是中华人民共和国成立七十周年，阿里影业一如既往地坚持主流价值观，不断推出优质影视作品，为祖国献礼，让这些分众化、小而美的影片成为中国电影市场的增量。

坚守"小大正"参投优质电影

2018 年 4 月，国家广播电视总局宣传司司长高长力正式提出了"小正大"原则，即今后广播电视节目必须遵循"小成本、大情怀、正能量"的自主创新原则。高长力同志的这番讲话不仅是治理目前影视剧乱象的一剂药方，也为未来影视剧的创作指明了方向，引起了整个影视业的高度重视。

近年来，阿里影业喜欢投资的作品，大多是"小大正"，即小人物、正能量、大情怀，关注小人物的成长，例如《红海行动》《流浪地球》等国内有家国情怀的优秀影片，以及高口碑外片《何以为家》等。此前阿里影业投资的《一条狗的使命》是一个典型案例，这部主打温馨治愈牌的动物影片，上映之前并不被看好，而阿里影业通过阿里大数据做了调查，最终决定参投，并获得了超过 6 亿的票房，给予阿里影业回报。无独有偶，2019 年阿里影业参与出品推广的《绿皮书》一举斩获第 91 届奥斯卡奖的三项荣誉，在内地市场也收获了 4.77 亿票房，创造了奥斯卡内地引进片的新纪录。《绿皮书》不是传统意义上卖座的影片，关于种族歧视的影片此前也没有在国内登上大荧幕，这部影片在国内之所以叫好又叫座就是因为它的题材，其背后传递出的非常普适的价值观，与阿里影业"小人物、正能量、大情怀"选片标准不谋而合。"好电影不是用钱堆起来的，也未必要有惊天动地的故事……这个电影好就好在，似乎很平淡，但故事背后有很多东西，比如我们不是靠拳头赢得世界，而是尊严。"这是马云第三次刷《绿皮书》后的感受。

重提主控聚焦新锐导演

阿里影业把对青年导演和艺术电影的扶持，作为长期内容战略的重要支点。2015 年 10 月 28 日，阿里影业联合优酷土豆、北京电影学院、中国传媒大学、巨人网络、新片场等合作伙伴在北京启动全球青年电影人发掘行动，项目统称为"A 计划"，主要面向全球范围年龄 45 岁以下的电影从业者（包括导演、编剧、制片、演员等），由"一线电影人委培生""8090 喜剧工场""全业态孵化联合体"以及"10 亿元专项基金"四个部分构成。2018 年下半年阿里影业上映五部"A 计划"影片，其中《被阳光移动的山脉》获得了第 20 届上海国际电影节亚洲新人奖最佳编剧等六项大奖，《海上浮城》获得了第 44 届西雅图国际电影节"最佳新锐导演"提名，影片获得了"中国星"大奖。

2018 年 11 月 9 日，阿里影业发布"锦橙合制计划"，加码上游优质内容生产布局，将在未来五年，四大档期，推出 20 部合制优质电影。阿里影业将以主投、主控或主宣发的身份，和一流制作团队合作，扶持青年导演、编剧，拍摄出的影片选择在人气最旺的四大电影档期播出，即贺岁档、春节档、暑期档和国庆档。阿里影业持续增加对内容项目的投入，持续新增影视立项项目，并与多家国内外优秀的制片公司、工作室建立了战略合作关系。未来阿里影业还将秉持"有影响力、正能量"的理念，挖掘有潜力的项目，打造专业制作团队，为电影市场持续输出优质的内容作品。

三、大麦：深化文娱线下布局

大麦超现场、世界妙物纪音乐节、88 会员年度群星盛典、淘宝造物节……大麦网充分整合自身丰富的文娱内容资源和阿里生态优势，在赋能文娱版图更多创意玩法和更高商业价值的同时，不断为电商生态开辟新场景、注入新活力，提供新的发展契机。大麦网整合输出和全链路服务能力得到了高度认可，日益成为阿里大文娱线下布局的关键一环。

生态+流量，造就全链路服务

成立于 2004 年的大麦网，是目前中国最大的现场娱乐综合服务商，涵盖了演唱会、戏剧、亲子、舞蹈芭蕾、体育、休闲展览等全品类演出。2017 年被阿里全资收购，融入阿里大文娱，成为其中唯一一个现场娱乐板块。收购之初就被外界冠以是"承上启下"的核心业务，对上连接虾米音乐，对下打通阿里电商新零售场景，横向连接优酷、阿里影业等平台性业务。大麦网搭建的线上购票、线下消费、智能场馆建设的现场娱乐消费场景，将阿里大文娱旗下现场演出、虾米音乐、优酷、艺人经纪等业务串联，也为阿里影业基于电影宣传发行业务向外延伸、搭建文娱产业基础设施提供了新的思路。

2018 年 5 月，大麦网"成都超现场"在成都东郊记忆音乐公园落地，这是一场集音乐节、戏剧、黑科技互动体验为一体的娱乐嘉年华。"成都超现场"体现了大麦网最具竞争力的线下内容聚合能力，三天的客流量达到了 16 万人次，演出现场邀请到了谭维维、"逃跑计划"、"八三夭"、邹施如、方拾贰、何小河等演唱。同时与话剧导演孟京辉合作，在嘉年华期间推出的《琥珀》《我天空中的流星是由敌人的炸弹绘成的》和《宝贝披头士》等优质剧目，为观众带去了丰富的观演体验。2018 年 10 月，乌镇戏剧节期间，大麦网整合流量和资源，发挥自身的业务特色，多域立体地打造了备受好评的"智慧乌镇"。大麦网依托在现场娱乐领域的丰富经验和场馆系统软硬件实力，为其定制票务系统及专属页面，提供站内及阿里生态全渠道宣发资源。

大麦网在赋能阿里大文娱各业务版块的同时，也得到了阿里生态资源的反哺。2019 年林俊杰《圣所 2.0》世界巡演杭州站预售期间，优酷、淘票票、虾米音乐、UC、高德、阿里影业、阿里云、天猫国际等阿里系核心业务线向大麦网开放了新媒体资源，微博矩阵联动曝光，项目上架 5 小时登记预购量就达到了 10 万。预售当日，支付宝和淘票票，两大核心流量入口同时为大麦网开启，定向精准输出深度用户。最终，林俊杰巡演杭州站预售以 88 秒、150 万在线抢票人次，快速售罄。随后，苏州站、郑州站、黄石站，同样调动了阿里域内资源进行预热宣发，预售票火速被抢空。至此，大麦网作为林俊杰《圣所 2.0》世界巡演官方票务平台的价值得到了极大的体现。

重构人、货、场，赋能新零售

借助阿里生态的各类资源，大麦网通过演唱会、造物节等线下文娱活动破局，吸纳活跃度高、消费能力强的年轻用户，反哺线上流量成本日益高昂的电商和新零售业务。此举不仅提升了电商和新零售平台的知名度，开拓出了新的消费场景和发展契机，同时进一步强化了大麦网在阿里生态体系中连接者的角色。

2018年8月初在上海金山城市沙滩上举办的"世界妙物纪音乐节"，"大麦搭场子，天猫国际唱大戏"，便是阿里大文娱与阿里巴巴集团的一次重要协作。音乐节上，天猫国际联合30个品牌商家结合音乐元素，创造了专属新新人类的四大玩乐购物体验区——漂浮广场（美颜）、立体小镇（美妆）、奇幻市集（美食）、时间游乐园（时尚），观众在欣赏音乐表演的同时也可以体验一把"国际购物游"。这种模式融合了音乐、艺术、玩乐、潮物等场景，不仅丰富了线下音乐市场的品类，拓展了现场娱乐的发展空间，更是文娱消费场景和新零售场景的一次交互。

2018年9月中旬在西子湖畔举办的淘宝第三届造物节，更是堪称现场娱乐和新零售融合的旗帜和标杆。淘宝在西湖边搭建了包括奇市、文市、宅市、夜市等众多半开放的集市，改良汉服、夜光篮球、穿针细面、翻糖蛋糕、纸艺花灯、油桶吉他、机器狗快递等诸多"神物"琳琅满目地罗列其间。在大麦网的加持下，此次造物节不仅实现了100%无纸化入场，提升了运营效率，为"淘宝造万物"的神物battle吸引了数以万计的人流，同时也从现场各个环节上优化了电商新零售业务场景内的用户体验。

四、阿里鱼：助力IP衍生变现

阿里鱼定位"以阿里大数据为基础，加大力度整合阿里生态体系内资源，打通IP开发全产业链，为IP消费品销售开辟全新渠道"。成立至今，阿里鱼主要在为IP方、品牌方提供在线授权、营销、销售等全链路服务，其中主推两大核心业务：IP开发消费品授权合作及整合营销等服务，利用数据及电商基因赋能娱乐IP行业。在IP选择上，涉及影视、动漫、文化、艺术、明星、综艺、体育、音乐等多类型合作，诸如《旅行青蛙》等。阿里鱼依托与阿里巴巴集团的生态协同效应，打造了一个电视剧和卡通领域的IP衍生全链路模式。

打造爆款衍生品

阿里鱼的衍生品业务在两个方面具有独特优势：第一，上游搜寻优质 IP，大数据精准链接 IP 版权方与使用方。IP 版权方和 IP 使用方的利益关系紧密，IP 的使用方通过优质 IP 实现多元化变现的同时，也会促使 IP 知名度和评价的提升，从而实现正向循环。第二，精准化的衍生品开发解决方案，与销售收入紧密相关。阿里的电商大数据和用户电商搜索历史数据能够有效评估 IP 的用户基础，分析其衍生品开发的品类选择及价格水平，从而提升衍生品变现率。

2018 年末播出的《知否知否应是绿肥红瘦》，其衍生品授权由阿里鱼独家代理，除彩妆产品，还合作了定制系列服饰、食品、护肤品、文具和电动牙刷等不同种类的产品。该剧上映三天，已经带动了合作商家的定制商品热销：Kinbor 手账本上线一分钟卖出 600 本，秋水伊人的系列服饰合作款销售额逼近百万元，美康粉黛系列化妆品销售额将近 300 万元。

除了衍生品开发和营销合作，阿里鱼还有着丰富的空间授权合作经验，曾经运作过嘉兴梅花洲景区"三生三世十里桃花"主题沉浸式空间及主题酒店。2019 年 8 月，阿里鱼携手《长安十二时辰》IP，把曲江新区打造为盛唐文化体验中心，将《长安十二时辰》剧内资源结合商业板块深度定制，以阿里鱼提供的商圈大数据为指导，打造吃、喝、玩、乐为一体的文化优质体验，创造多方位收益。此外，各合作方还将在曲江新区开展"唐文化"研究，并在"唐文化"影视作品的创作题材、拍摄取景及宣传推广等方面达成优先战略合作。"一个理想的文旅项目，需要的是从宏观建筑景区，到微观衍生周边，能够给消费者带来整体和多元的 IP 体验，这一点也是我们的合作方最看重阿里鱼的地方。"阿里鱼 IP 合作总经理郭颖颖如是说。

阿里鱼一直在努力不断提升衍生品开发的响应速度。2018 年《我不是药神》的主题纸巾由于电影大卖也成为了粉丝追捧的对象，始终处于反复断货的状态。然而其背后，是阿里鱼协助授权商家在 48 小时内完成设计报审，7 天之内打通全国 300 多家影院销售渠道的快速响应支持。2019 年春节档，《流浪地球》横空出世，阿里鱼迅速联合赛凡科幻空间、中影营销打造了行星发动机模型、运载车模型等电影衍生品，并以 7690% 的超高完成率在阿里鱼的众筹平台上成功筹集资金。

合作动漫深耕卡通领域

从小马宝莉、高达、吃豆人到皮卡丘、旅行青蛙、丑娃娃，一系列头部热门 IP 在阿里鱼的运作下均有着出色的表现。依托于阿里巴巴强大的生态体系和技术能力，阿里鱼能够为品牌方提供贯穿数据、设计、营销、销售的全链路服务，延长 IP 生命周期，助力其释放商业潜力，获得了版权方的高度认可。2018 年 7 月 10 日，阿里鱼宣布已经与东京电视台、特纳、中影、华谊兄弟品牌管理等四大全球顶级 IP 版权机构，就入驻天猫动漫模玩一级类目一事达成战略合作意向，这意味着阿里鱼在日本动漫、欧美动漫、欧美电影和国内电影的衍生品领域布局升级。

在阿里鱼的推动下，轻量级游戏旅行青蛙得以同全国多个知名景区和旅游小镇合作，在一个月预估销售额达一亿元，使之从濒临"过气"的网红扭转成变现利器。通过营销空间的授权，在实行深度变现的同时，进一步提升了 IP 的知名度和商业价值，反过来又促进了相关衍生品的销售。宝可梦，是阿里鱼推动动漫 IP 深度变现的又一经典案例。早在几年前，阿里鱼即与精灵宝可梦公司达成战略合作，拿下精灵宝可梦在中国的衍生品和营销授权，在天猫上推出与精灵宝可梦相关的正版授权服饰、食品、美妆、家居百货、文具、箱包、数码 3C 商品等。2018 年天猫"双十一"预售阶段，天猫精灵在 AI 智能音箱上携手宝可梦玩出新花样。

资料来源

［1］《媒体矩阵覆盖 4 亿粉丝 阿里大文娱打造营销宣发阵地》，《企业家日报》，2019 年 7 月 16 日，第 7 版。

［2］徐冰倩：《两年三换帅 阿里大文娱陷流量变现焦虑》，《南方都市报》，2019 年 4 月 12 日。

［3］张杰：《重新定义明星商业价值，阿里大文娱生态联动提速》，《华夏时报》，2018 年 4 月 8 日。

［4］《阿里大文娱新年加速共振，背后是怎样的一盘棋》，《南方都市报》，2018 年 2 月 16 日。

［5］吴燕雨、颜琨：《大麦网升级，阿里大文娱线下生态构建收官》，《21 世纪经济报道》，2017 年 9 月 22 日，第 19 版。

经验借鉴

　　阿里大文娱致力于为市场推出有影响力、正能量的优质影视内容，打造从内容生产、互联网宣传发行、衍生品变现，到影视投资服务的全产业链新基础设施，全力推进影视产业的数字化进程。目前，阿里影业负责投资，和优酷共用技术平台；灯塔负责数据和宣传发行；淘票票负责观影决策和票务；大麦负责现场娱乐票务；优酷负责版权和播放；阿里鱼负责衍生品授权开发。同时，各业务模块都尝试破界，推进各业务板块全面协同的进程，促进各业务版块在内容、宣传发行和产品技术等层面实现贯通，为广大用户提供更加阳光、快乐的影视文娱服务。如上所述，阿里大文娱逐步深化聚合打造影视全产业链的主要经验有如下几条：①加大自制电视剧投入，开辟内容新版块，分版块输出优质内容。构建内容矩阵，划分影视版块，明确内容输出战略方向，利用自制剧和外采优质版权抢占原生优势，持续生产优质内容创造流量变现，实现价值赋能。②垂直细分受众，以文化为核心，另辟蹊径打造良心综艺。文娱产业作为人们精神文化的消费，承载着引导整个社会价值观念走向、提升人们精神层次认知的责任。在构建娱乐生活的过程中，不能只简单地利用娱乐性来取悦用户，也不能只把文化传播流于表面、浅尝辄止，更需要以文化为内核，树立提升人们精神内核的目标和责任。阿里大文娱的泛文化布局，精准定位受众人群，实现文化降维，完成从物质消费到精神消费的转型。③响应广电总局创作原则，重视市场环境变化，参投优质作品。国家广播电视总局提出"小大正"的广播电视节目创作思路，成为业内必须始终遵循的重要原则，也是对行业"大成本、大投入、大制作"风气的一种必要的纠偏。深入贯彻"小大正"，坚持主流价值观，坚守文化责任，不断推出优质影视作品，用良心好故事打动观众的心。④深度绑定内容上游，合作青年导演，提升内容持续输出的能力。文娱产业长期稳定持续输出优质内容的能力是必不可少的，优质内容的输出，需要长期积累和持续投入。深度绑定上游内容生产源，投资培育青年电影人，巩固内容生产优势，平台资源倾斜带来IP联动，为影视文娱行业注入新鲜血液。⑤线上线下渠道贯穿，完善全链路服务，赋能新场景、新零售。贯穿线上线下消费场景和渠道，实现对IP目标人群的精准触达和对海量用户的有效运营，为IP粉丝群体提供更多优质消费内容和多样化互动体验。借助阿里生态的各类资源，吸纳活跃度高、消费能力强的年轻用户，反哺线上电商和新零售业务，实现线上线下联结。⑥借助生态体系，构造 IP 衍生全链路模式，强化衍生品开发。阿里鱼主要为 IP 方、品牌方提供在线授权、营销、销售等全链路服务，立足阿里生态，致力帮助 IP 衍生品突破圈层，促进口碑裂变，提高影视 IP 变现能力，帮助被授权商家做大做强销售，助力版权方开拓中国市场，促进产业链路中各环节的多方共赢，引领一个崭新的正版衍生品时代。⑦不断布局，业务辐射上下游，构造影视全产业链。对于拥有多业务板块的集团，要推动业务结构变革，形成业务的上下游联动辐射。同时，做好业务架构的调整、产品的研发升级迭代以及外部优质资源收购，不断深化影视文娱产业从上游的 IP 原创生产、中游的制作开发到下游的推广营销，强化产业链升级协同。

本节启发思考题

1. 如何结合企业自身优势劣势，打造富有主题内涵的影视内容？
2. 内容为王时代，如何输出能够打动消费者的影视内容？
3. 超级 IP、超级制作时代，如何同时保证影片的高口碑与高票房？
4. 影视生产如何深入上游内容制作，打造更多优质内容？
5. 如何完善影视产业的上下游链式结构，布局线上线下服务？
6. 影视新时代营销如何赋能电视剧？如何实现精准用户触达？
7. 影视 IP 衍生如何快速变现？如何完成作品热度流量相互转换？
8. 如何构建 IP 衍生链路，为衍生品变现保驾护航？
9. 如何实施以及实现影视全产业链发展？

第五篇
文化相关产业与科技融合

娱乐休闲服务与科技融合：
宋城演艺发展股份公司案例

 公司简介

宋城演艺发展股份有限公司（简称宋城演艺）成立于 1994 年，总部位于浙江省杭州市，是中国演艺第一股、全球主题公园集团十强企业，连续十届获得"全国文化企业三十强"称号，创造了世界演艺市场的五个"第一"：剧院数第一、座位数第一、年演出场次第一、年观众人次第一、年演出利润第一。以"演艺"为核心竞争力，宋城演艺成功打造了"宋城"和"千古情"品牌，产业链覆盖旅游休闲、现场娱乐、互联网娱乐，是世界大型的线上和线下演艺企业。宋城演艺旗下拥有 35 个各类型剧院、75000 个座位数，分别超过世界两大戏剧中心伦敦西区全部剧院的座位总数、美国百老汇全部剧院的座位总数。

宋城演艺致力于打造演艺宋城、旅游宋城、IP 宋城、网红宋城、科技宋城、国际宋城"六位一体"的宋城新模式。随着六大业务战略的持续推进，宋城演艺将逐渐奠定"世界演艺第一""全球主题公园集团前三"的行业地位，赢得全球同行及相关产业领域的广泛认同和尊重，最终顺利实现构建一个"以演艺为核心的跨媒体、跨区域、泛娱乐的生态圈"的伟大目标。

案例梗概

1. 宋城演艺发展股份有限公司打造全国"千古情",融合互联网平台,塑造全面化演艺宋城。

2. 转变"主题公园+现场演艺"模式,形成以科技、互联网娱乐为核心的 IP 新模式。

3. 启动旅游景区搭建三重奏,推动旅游宋城"一枝独秀"。

4. 涉足直播、游戏、虚拟偶像领域,将宋城网红领域全面化、多样化。

5. 投资美国 VR 公司,提高科学技术水平并运用到景区设施之中。

6. 注资澳大利亚项目,开启宋城海外化进程。

关键词:演艺产业;网红产业;直播;移动游戏;科技互动体验;主题公园

 案例全文

演艺产业是以演艺产品的创作、生产、表演、销售、消费及经纪代理、艺术表演场所等配套服务机构共同构成的产业体系。演艺产品具体形态包括音乐、歌舞、戏剧、戏曲、芭蕾、曲艺、杂技等各类型演出。演艺产业是基础性文化产业,在文化市场中占据重要地位。在 2009 年国务院通过的《文化产业振兴规划》中,将发展文艺演出院线作为发展文化产业的八项重点工作之一,而"十二五"期间,《国家"十二五"规划》仍继续将演艺产业作为重点发展的文化产业之一。在过去的十几年里,伴随着经济的迅速发展,民众的文化娱乐支出比重不断增加,文化消费时间逐渐增多,对文化产品的选择性日益增强,逐渐向高层次的精神文化需要转移,而观看娱乐性强、影响力大的演出节目成为民众最为普遍的文化消遣方式之一。据统计,中国全国 3000 多家主题公园中,70% 亏损,20% 持平,仅有 10% 盈利,而宋城演艺 2017 年的净利润超过了 10 亿元,仅仅杭州本部盈利就超过 4 亿元,彰显了宋城在演艺文化产业中的龙头地位。

宋城演艺之所以能够在新时代让传统企业继续保持强劲势头,离不开一步步的战略规划。近年来,宋城演艺以提升游客满意度为重点,吸纳互联网高新技术,进一步提升改造现有景区各类软硬件设施,为游客提供更加舒适便捷的游玩环境;坚定发挥创意的力量,持续创新景区演艺内容和形式,为游客带来更加生动丰富的游玩体验；不断升级演艺业务形态，以旅游演艺为基石，勇于尝试城市演艺和演艺谷模式，为公司更长远发展打下基础。同时继续坚持集中和差异化竞争战略，高举"演艺"旗帜，强化"主题公园＋文化演艺"发展模式，发挥创意力量，重视科技创新和内容创新，持续强化"演艺"核心竞争力，而在其关键核心六间房的发展上，宋城演艺将在回归互联网企业本质基础上，探索资本化方向，进一步释放新活力。

一、演艺宋城

"给我一天，还你千年。"这句广为流传的话形容的便是宋城演艺的核心业务——千古情系列。千古情系列作为宋城演艺发展的重要一环可以说是贯穿了宋城演艺发展史的整个阶段，无论是公司成立初期的以宋城千古情为核心，还是后期扩张期的多区域千古情同步发展。近年来宋城演艺旗下各大千古情景区以创意活动为驱动，以科技手段为烘托，以整合营销为抓手，以提升品质为导向，合理安排投入，全方位改造提升各类软硬件设施，持续丰富和创新景区内容，提升了游客舒适度，丰富了游客体验。游客接待量和市场口碑整体上扬，各大经营公司营业收入和利润保持上升态势。新项目建设以品质为先，创新升级，稳步推进，为公司下一阶段快速增长奠定坚实基础。

"千古情"做基石，铸好宏途首发站

宋城演艺所做的第一件事便是将自身原有的演艺系列——千古情做大做好。既然一个区域内的消费渐进饱和甚至是后退，那么便开发新的消费地区，将更多的潜在用户发掘出来，用一种最"简单"的方法来面对行业颓势。就这样，宋城演艺在原有宋城千古情之后，推出了三亚千古情、丽江千古情、桂林千古情、九寨千古情、炭河千古情……宋城演艺给选址当地的历史故事、山水风光、民风民俗等特色赋予了新时代的活力，用一种活灵活现的演艺形式展现在游客面前。

在宋城千古情中，游客可以领略到在先进声光电技术和舞台机械辅助下的良渚古人的艰辛、宋皇宫的辉煌、梁祝和白蛇许仙的千古绝唱，那淋漓尽致的烟雨江南之美，也会让游客知晓为何宋城千古情被誉为"世界三大明秀"之一了。在三亚千古情中，游客则会被带到一幅长长的历史画卷之中，那万年的恢宏史诗，通过崭新的舞台设计使整场演出突破了传统空间与感觉的界

限，呈现出诗画般令人目眩神迷的美学感受。360 度全景剧幕层出不穷，400 平方米的巨型悬空透膜从天而降。在丽江千古情中，游客会欣赏到用 IMAX 3D 所重现的《马帮传奇》《木府辉煌》《玉龙第三国》等丽江长达千年的历史与传说，在金碧辉煌的木府、在凄清浪漫的玉龙第三国、在世外桃源的香巴拉相约一场风花雪月的邂逅，感受一个美丽的夜晚。

每一个千古情都是一个城市的文化传奇，像其中最为知名的宋城千古情，便是做到了年演出 2000 余场，旺季经常每天演出 9 场，推出十余年来已获得累计演出 20000 余场，接待观众 6000 余万人次的辉煌成绩。创造了世界文化旅游演艺市场的五个"第一"：剧院数第一、座位数第一、年演出场次第一、年观众人次第一、年演出利润第一。

"科技+景区"，提高游客体验

随着宋城在各地所缔造的演艺核心带来的巨大的旅游资源，宋城演艺抓紧机会发展公司的旅游项目。但是随着我国经济发展速度逐渐放缓，全国旅游业也是进入了放缓期，这时许多旅游景区便出现了基础设施不完善、游客数量迅速下滑等窘况，可以说在这个阶段，旅游景区该怎么做也成为了一个巨大的难题。然而我们反观宋城演艺 2018 年的前三季度，宋城演艺实现营业收入 24.71 亿元，净利润 11.47 亿元，同比增长 25.01%，这个数据超过了 2017 年全年 10.68 亿元的净利润总额。可以说，宋城演艺业绩逆势上升，一枝独秀。

宋城演艺为何能够铸造出如此不可思议的旅游宋城？一方面，宋城演艺推出了众多的科技+景区的新颖项目。张家界项目建造科技互动体验综合体，其中的重头戏为 20 分钟模拟飞行经历——"飞越张家界"，该项目比肩美国加利福尼亚州迪士尼乐园的"飞越加州"项目；桂林项目规划建造一个大型室内游乐综合体，内容包括魅影空间、狩猎场等互动游乐项目，同时还将增加科技游乐项目，如虚拟过山车、环幕电影等。与新景区同步进行的是存量景区的更新，如杭州宋城景区投资 1.65 亿元更新面积达 6000 平方米的"飞越中华"飞行影院和"大战朱仙镇"黑暗骑乘项目，同时策划了景区内大型机器人巡游以及无人机编阵表演等项目。

另一方面，宋城演艺没有停滞在"千古情"系列上，2017 年推出了全球首创的体验式主题活动——"我回大宋"，打破了游客同演艺之间的界限，游客既在看演出，又是演出的一环。在杭州宋城中，景区为游客免费提供了古装，并且游客还会得到一张穿越证，上面描述了游客的身份、任务等内容，游客在一边进行着任务的同时，也共同参与到了众多演出之中。这个系列一经推出，又一次激发了游客们的热情，景区、演员、游客三位一体的交互模式，整个景区就是一个巨大的演出剧场。得益于杭州宋城首试的成功，2018年宋城演艺旗下园区全面推出"我回系列"，如三亚景区"我回丝路"、丽江景区"我回纳西"、杭州乐园"我回二次元"等。

二、网红宋城

为了适应行业变革，增强平台竞争力，宋城集团创始人黄巧灵率领的宋城团队再次展现出果断和远见：2015年3月18日，宋城演艺宣布拟以26亿元并购当时中国最大的社交视频网站——北京六间房科技有限公司（简称六间房）。收购完成后，宋城演艺持续拓展该互联网平台的原创思维，成为了将中国丰富多彩的艺术形式与互联网进行深度融合的先行者，在互联网界的舞台上，跨时空演绎中国传统文化。六间房相继涉及二次元、AR等新领域，不断探索着新的经济增长点。截至2018年末，六间房签约主播人数超过30万；月均页面浏览量超过7.15亿；注册用户超过6416万；月度活跃用户达到5827万。其中，网页端月度活跃用户达到4760万，移动端月度活跃用户达到1067万，日演艺直播总时长超过6万小时，月人均收入值（ARPU）达到940元。

"直播+游戏"，创新新模式

六间房当下的主营业务是"直播"，宋城演艺通过挖掘移动端产品的用户体验和打造移动端专属的语音房间、小视频，建立了丰富的移动端产品线、多样化内容形式及适应新需求的社区互动玩法。同时，通过大规模引入经纪公司，建立了全面系统的主播加盟和培养体系，进一步提高了六间房主播的表演能力和留存率。六间房还坚持秉承"直播+公益"的宗旨，积极配合、协助相关部门制定相关行业政策，规范市场环境，举办了多场优质大型直播活动，如《新春走基层、情暖共建乡》，得到了有关部门及活动组织方的高度肯定。

直播行业的盈利主要通过广告、打赏和游戏分发来实现。其中，移动游戏又是用户基数最大、产业规模最大、变现能力最强的互联网子行业之一。

因此，"直播+移动游戏"在直播行业是比较普遍的变现模式组合。2017 年 3 月 7 日六间房以 3.8 亿收购研运一体化的移动网络游戏企业北京灵动时空科技有限责任公司 100%股权，补齐六间房在移动游戏领域的基因，延伸六间房在手游研发和直播领域的业务。灵动时空最早成立于 2013 年，前身是成立于 2005 年的北京极品无限科技发展有限责任公司，团队拥有自单机移动游戏时代起接近 300 款产品的开发经验，覆盖动作、角色扮演、竞技体育、棋牌、休闲等多个类别。灵动时空目前在国内中度游戏（特别是 ARPG、MOARPG 等）的研发领域拥有领先的市场地位。

凝聚品牌核心，巧做 IP 塑造

除了原有的实体 IP——千古情，宋城演艺塑造了适应时代潮流的线上虚拟 IP——六间房。在 2015 年宋城演艺收购了六间房之后，六间房便成为了宋城演艺互联网演艺的主要平台。收购之后的 3 年，六间房完成当初被收购时的业绩承诺：2017 年六间房在宋城演艺该年度 30.2 亿元的营业收入中贡献了约 12 亿元，占比达 41%；在 10.68 亿元的净利润中净贡献了 2.89 亿元，占比约为 30%。2018 年 6 月，宋城演艺将六间房与花椒直播进行重组，开启了线上 IP 二阶段优化的进程。未来六间房的业务还将涵盖花椒直播业务，在用户流量、主播资源、运营能力、成本效益以及品牌影响力等多方面形成了良好的协同效益及规模效应。

随着互联网时代发展的增速，宋城演艺 IP 铸造上的脚步不断加快，从原来的"主题公园+现场演艺"模式，转变为了覆盖科技、互联网娱乐，以技术为核心的 IP 模式。宋城演艺结合了时下年轻一代人的注意点，打造了一位互联网的虚拟偶像——安菟女团。从 2017 年成立到现在，共计有 20 首歌曲登录了 QQ、网易等平台，总播放量突破 2000 万。安菟女团通过漫展、漫画、动画、单曲等形式实现广泛的形象推广和品牌露出，核心粉丝数量达 20 万，泛粉丝超过 200 万，并且成功积累了一些大品牌、大体量产品的商业合作经验，成为国内首个基于独占技术及独立 IP 企划的虚拟偶像团体。

三、科技宋城

作为国内现场娱乐行业龙头之一的宋城演艺，2016 年正式投身科技浪潮，开启了拓展 VR 等最新科技在主题公园、现场演艺、互联网视频等市场的步伐。2016 年 12 月 15 日，宋城演艺旗下全资子公司宋城演艺国际发展有限公司和杭州宋城科技发展有限公司分别与 SABHs Big Adventure Inc. dba Spaces Inc.（以下简称"SPACES"）签订《优先股股权购买协议》及《主开发协议》。其中，通过宋城国际认购的 SPACES 拟发行优先股认购金额超过 2800 万元人民币（约合 410 万美元），成为 SPACES 第二大的外部战略股东，借此发力 VR 业务。

公司拟以自有资金 1.6 亿元与美国科技公司 SPACES 合资设立子公司 SONGCHENGSPACES（暂定），公司持股占合资公司的比例为 80%。综合来看，双方共同设立的合资公司主要业务将是为中国市场开发虚拟现实、增强现实、混合现实和 360 度体验产品，运用于 VR 主题公园、现场演艺、互联网视频等领域，并在国内大力发展 VR 主题公园和体验馆。宋城演艺将负责合资公司日常运营和推广，SPACES 将向合资公司提供相关的 VR、AR 技术，运营服务和支持，为宋城演艺打造科技宋城的战略布局提供有效的技术支撑。

四、国际宋城

2016 年以来，宋城演艺资本动作频频，"走出去"的步伐逐步加快。2017 年 3 月 14 日，宋城演艺发布定增预案，计划向不超过 5 名特定对象，募资不超过 40.17 亿元。其中，拟使用募集资金 16.15 亿元用于"澳大利亚传奇王国"项目，这也是宋城演艺首个海外主题公园项目。据定增预案，该项目为宋城全资项目，项目总投资 20.21 亿元，落地于澳大利亚昆士兰州黄金海岸。主要建设内容将包括入口广场、东方秘境主题公园、澳洲传奇主题公园、彩色动物园等板块。其中，东方秘境主题公园以东方文化为主打，形式上参照杭州宋城景区，并推出大型演出《东方秀》；澳洲传奇主题公园主打澳洲原住民文化，将建设演艺剧场，包含《澳洲传奇》《金矿魅影》等大型演出和库克大道、原住民文化广场、淘金小镇、梦幻街区等文化休闲配套项目。

从建设内容来看，宋城演艺的海外项目并无配套地产住宅或者酒店等衍生业态，与国内项目类似，想要收回成本基本依靠乐园和演艺的门票收入。宋城演艺称，黄金海岸的演艺市场基本属于空白，游客对于多元化旅游度假产品的需求非常高，其东西方文化结合演艺秀能满足各类游客的需求，与当地现有的游乐型主题公园形成差异化竞争。但是国内主题公园普遍存在的 IP 品牌文化不足的问题也仍然在宋城演艺项目中存在。李柏文表示，宋城演艺在国内项目的成功，一方面是基于对国内市场需求的了解和对渠道把控。中国特色环境下，宋城演艺主要做的是过去的历史文化演艺，但在国外更喜欢探索未来的情况下，宋城模式在迎合国外游客的审美趣味上存在一些问题。此外，演艺秀一般需要大量的人力资源，但在国外人力昂贵的情况下，这一方面的支出成本也是宋城演艺需要解决的。

宋城演艺也曾表示，澳大利亚国家法律、政策体系、商业环境与中国存在一定差异，这对公司将是一个新挑战，公司需要熟悉并适应海外商业及文化环境，避免运作过程中产生的相关风险。截至 2019 年初，宋城演艺已经成功在澳大利亚黄金海岸建设了 5 座主题乐园，并且通过新建主题乐园，使新老主题公园形成互补关系，丰富游客旅游体验。

资料来源

［1］《子公司六间房拟 3.6 亿收购游戏公司 宋城演艺加速布局线上娱乐》，《信息时报》，2017 年 3 月 9 日，第 B04 版。

［2］徐超：《宋城演艺子公司六间房 3.8 亿收购游戏公司 推动"直播+移动游戏"战略》，《华夏时报》，2017 年 3 月 7 日。

［3］《宋城演艺定增募 40 亿投资网红经济》，《每日经济新闻》，2017 年 3 月 15 日，第 10 版。

［4］张艺：《海外和科技战略正式开局》，《苏州日报》，2016 年 5 月 25 日，第 B01 版。

［5］《宋城国际购 SPACES 股份发力 VR》，《北京商报》，2016 年 12 月 22 日，第 4 版。

［6］曾剑、任芝霓：《宋城演艺旗下平台主播激增至 27 万人半年贡献四成营收》，《每日经济新闻》，2017 年 8 月 17 日，第 7 版。

［7］黄一帆、王方：《宋城演艺重组六间房并购整合子公司演绎资本新玩法》，《经济观察报》，2018 年 7 月 9 日，第 15 版。

［8］《宋城演艺 16 亿赌注海外项目》，《北京商报》，2017 年 3 月 15 日，第 4 版。

 经验借鉴

作为中国一家老牌的传统线下文化企业，宋城演艺在这近 10 年来并没有停滞在老牌公司的泥潭中——踯躅在原有的发展模式中，缺乏与时俱进的创新。宋城演艺提出了打造演艺宋城、旅游宋城、网红宋城、IP宋城、科技宋城、国际宋城六位一体的概念。随着六大业务战略的持续推进，公司赢得全球同行及相关产业领域的广泛认同和尊重，并向着构建一个"以演艺为核心的跨媒体跨区域泛娱乐生态圈"的伟大目标迈进。概括起来，宋城演艺作为老牌文化企业的互联网布局主要经验有如下几条：①差异化和集中发展两开花。差异化战略，即坚持"演艺"为核心，"主题公园+演艺"为道路，避免同质化竞争；集中发展战略，即集中在一线旅游地区布局，集中在与演艺相关的现场娱乐领域，稳扎稳打，步步为营，坚持做能力范围内的事，有所为有所不为，杜绝跃进式发展。②旧瓶装新酒，创意为核心。创意作为企业的生命，将创新融入规划设计、互动体验、剧院矩阵、演出内容和市场策划等各方面。发挥创意的力量，增强演艺内容对游客的吸引力和体验感。公司拥有一支经验丰富、独立完整、专业自主的规划设计和编创演出团队。在对主题公园的规划和设计以及演艺产品编创过程中，能够充分结合自身的创新理念，深入挖掘当地文化。在运营期间，能够根据行业和市场的变化，及时获取并融合新元素，不断融入自身灵感和原创性内容，对产品和服务进行持续改造升级，不断提升和完善游客体验。创作和设计优势是公司保持差异化经营和持续创新突破的重要保障。③抓住年轻市场，开辟新生代消费群体。多点布局泛娱乐产业，深挖六间房、VR等IP价值，都体现了老牌演艺公司对于现在的主体消费者青年群体的重视。④优化服务体系，构建高效企业模型。深入挖掘现有项目潜力，全方位升级改造各类软硬件设施，充分做好线上线下市场的整合，提高服务质量和游客满意度；统筹规划新项目工程施工和节目编创进展，确保高标准、高质量、高起点推进新项目建设；因地制宜发展轻资产输出业务，实现各方合作共赢；大力发展网络票务销售，不断优化会员体系；持续调整和优化运营策略、内容策略和产品策略，增强平台黏性和社区属性；突破创新资本运作，凸显互联网企业属性，增强企业活力。⑤创新业务形态，科技是第一生产力。在兼顾业务模式发展的同时，跟上时代脚步，发展时代新兴科技。通过科技创造企业的新型竞争力，焕发企业的"第二春"，实现从"蹭流量"到"自产流量"的转变，打造一个更加闭环、更具持续性、更具竞争力、更具引领性的商业生态。⑥迈出脚步，走出舒适圈。新时代新机遇，随着全球化进程的深入，企业不单单是要思考国内的市场环境，同时也要面向世界，寻找全球化的机遇与发展，迎接挑战，创造新突破。

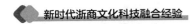

本节启发思考题

1. 传统演艺公司可以通过哪些渠道扩大自身的影响领域？

2. 如何挖掘演艺公司现有 IP 的价值？

3. 如何平衡线上文化娱乐与现场演艺之间的发展？

4. 传统演艺公司如何通过科技技术革新提高公司的业务水平？

5. VR、AR 等新兴科技将对传统演艺公司有何影响？

6. 全球化进程下的传统演艺公司将有何机遇与挑战？

7. 传统演艺公司在面对国外演艺公司如迪士尼等如何发挥自身的竞争优势？

8. 中国演艺公司在走出去的过程中，如何传达好本国的文化以及平衡同外国文化之间的融合？

文化装备生产与科技融合：
浙江大丰实业股份公司案例

 公司简介

　　浙江大丰实业股份公司（简称大丰实业），始建于 1991 年，坐落于浙江省余姚市，主要从事文化、体育、演艺、旅游项目的策划、创意、建设、投资、运营等全产业链业务。经过 20 余年的艰苦创业，现已发展成为拥有资产近 7.1 亿元、企业注册资本 3.5 亿元的国家重点高新技术企业，拥有 400 余项专利，具有舞台机械、建筑智能化和装饰装修设计甲级设计资质，机电设备安装一级资质。截至 2017 年 8 月，公司占地 13.3 万平方米，建筑面积 12.5 万平方米，员工 1600 余人，其中中高级科技、管理人才 700 余人。目前，大丰实业已在北京、上海、深圳、雄安和杭州等重要城市设立研发中心或区域总部。

　　大丰实业已发展成一家全球领先的文体设施系统"整体集成商"，即以"设计、制造、安装、售后服务"为整体，"舞台、灯光、音响、智能、座椅、装饰 BT 建设"的总集成。未来，大丰实业将继续融入全球经济，不断创新技术，用各种充满创意的解决方案，满足人们不断增长的文化体育旅游娱乐需求，致力于发展成为文化—体育—旅游等智能场馆及内容投资、建设与运营的行业领导者，引领文体产业发展，传播美好幸福。

案例梗概

1. 浙江大丰实业股份公司快速崛起，构建以文体产业为主的完整产业格局。
2. 以"科技创新"为核心竞争力，打破国际垄断，开启智能舞台的国产化之路。
3. 集先进的灯具、音响、视频系统于一体，达到世界领先水平。
4. 数艺科技延伸产业覆盖面，拓展全新领域。
5. 打造以剧院为核心的文化综合体演出全产业链。
6. 多元开发，发展"文旅+整合+创新"模式。

7. 创意解决方案，"文化—体育—旅游"等智能场馆及内容投资、建设与运营的行业领导者。

关键词：文化装备；智能舞台；数艺科技；剧院综合体；演出全产业链

 案例全文

1991～1993 年，大丰实业处在艰苦的创业阶段，创始人丰国勋和同乡筹集了数千元资金，在浙江余姚城下路 26 号租下简易厂房，雇用员工，主要生产电源接插件、配电箱、摄影器材等，最初的产品销售对象只是几个电影制片厂和各省电视台。20 世纪 90 年代，中国文体产业快速蓬勃发展，影视舞台、活动座椅的需求急速增加，对技术、质量的要求也越来越高，而国内拥有设计生产能力的厂商几乎没有，大丰实业瞄准当时拥有巨大需求市场的电视演播厅、摄影棚与剧院，对标国外先进技术和设备，结合我国实际情况进行调整、优化与创新，成功开发与应用各类先进技术，驶入了事业发展的快车道。2004 年，大丰产品成为雅典奥运会七大场馆的公共座椅和活动看台的供应商，实现了企业向国际蓝海市场扩张的历史性跨越。2008 年，大丰实业成功承接了中央电视台大剧院的舞台机械与北京奥运会现场直播。2012 年起，精彩多变的"春晚"舞台不断开创国内先河，给观众留下了深刻的印象。

经过多年发展，大丰实业已经掌握领先的舞台机械和控制技术，享有 30 多项国内外首创技术，引领中国演艺装备技术快速发展，并且构建了以文化产业、体育产业为主导，以数艺科技、文化传媒、文旅融合、轨道交通为"两体四翼"的产业格局，具有文化、体育、演艺、旅游项目的策划、创意、建设、投资、运营全产业链和全生命周期优势。

一、创新舞台科技，从"制造"到"智造"转身

智能舞台是大丰实业的核心业务，经过 20 余年的发展，大丰实业已经占据国内文体设施中高端市场 70%以上的份额，在行业里遥遥领先。大丰实业董事长丰华表示，大丰实业从零起步，成长为全国行业龙头企业和主板上市企业，主要得益于始终坚持以技术研发为核心。大丰实业在舞台演艺行业有多项创举：第一个使用仿真三维进行舞台控制；第一个采用集成理念提供整

体解决方案；第一个使用三维动画进行舞台模拟；第一个用互联网远程监控舞台……大丰实业坚持研发创新，踏实做事，精益求精，最近三个年度，大丰实业研发投入累计超过 1.5 亿元。大丰实业建立了业内首家国家企业技术中心、国家博士后工作站、省级重点企业研究院等创新平台，引进专业人才，打造业内顶尖的研发团队。大丰实业自主研发的以柔性齿条升降装置为代表的几十项核心技术，打破国际垄断，开启智能舞台升降技术的国产化之路并牵头承担了"十二五"国家科技支撑计划项目。

与智能舞台配合默契的是先进的灯具、音响、视频与智能系统。大丰实业自主研发的 DAFENG STACON 作为全新一代的舞台专用的运动控制系统，是国内舞台行业第一家获得国际权威机构 TUV 认证的符合 SIL3 标准的安全控制系统，可根据剧场的实际需求，进行软件、硬件等多种组合配置，既能满足舞台机械设备监控和环境安全数据检测，又可以协同机械、灯光、音响等多系统软件模块的集中控制，以达到最佳的舞台演出呈现效果。

演出效果整装集成控制台是大丰实业自主研发的专利产品。该控制台是舞台效果整装集成控制系统的管理中心，对运动、视觉、听觉等子系统进行控制和数据管理并根据演出节目单，对子系统的演出 CUE 按演出时间点进行编排。操作台的时间发生器与演出进度同步，当时间点到达时，即把对应的 CUE 编号和执行指令发送到子系统的控制单元，使参与演出的设备有序运行。同时也可以在操作台上查询相关设备的实时数据，并反馈至舞台监督调度系统。"技术抓手"大丰实业副总经理、浙江大丰数艺科技总经理丰其云表示，一次晚会的三百块屏幕，每块都有独立的控制系统，有自己的速度、加速度和位置，数据 1 秒钟刷新 100~1000 次才能跟上。如何实现庞大数据的处理呢？丰其云打了这样一个比方：就像高速上飞驰着 304 辆小车，会导致路面拥堵，但是如果将他们 30~40 辆车打包形成一个单元，装到 10 辆大巴车上，这样的数据处理就会非常快速。

大丰实业一直凭借科技创新探索文化产业，成功实现了从"制造"到"智造"的转身，致力于为文化市场提供性能优越、功能完备、安全可靠、节能环保、智能化程度超高的演艺装备。大丰实业在国际首创柔性齿条升降系统、整体履带行走反声罩等技术；国内首创万向车台、无拖缆侧车台行走系统、高速演员升降小车系统等几十余项技术。

武汉中央文化区的"汉秀"剧场，舞台机械是目前全世界舞台机械最复杂、设备种类最多的秀场，正是由大丰实业负责交接承办的。它不光建筑设计构思巧妙，舞台机械工艺设计同样毫不逊色。剧场共包含多个水中升降台，是目前世界上水中升降台规模最大的水秀剧场。中央主要升降台最大可离开水面高度 1.5 米，作为干区升降台使用，也可以下降到水面以下 6.0 米，作为深水区表演使用。同时可以利用升降平台台面或其下方装置来运送演员、布景、滚动布景车等，并可运载特殊喷水效果及灯光设备。

二、改进目标定位，开拓国际市场

在国际化发展方面，大丰实业财务总监许兆敏表示，大丰实业作为行业内唯一一家能做到舞台整机出口的企业，将积极抢抓"一带一路"倡议机遇，主动融入"一带一路"倡议建设布局，重点拓展政府援外建设市场。作为国内较早走出去的文体设施企业，大丰实业属于"国家文化出口重点企业""国家文化产业示范基地"，与国际文体装备行业相比，公司的核心技术处于领先地位。同时，科技推动了传统文化产业升级换代，尤其是推动了文化制造业的发展。对此，大丰实业常务副总裁、营销中心总经理杨金生指出："公司以前是'借船出海'做一些援外项目，现在是'造船出海'，在'一带一路'倡议的支持下，拓展东南亚和中东地区市场，以后还可以'买船出海'，收购一些海外的。"除了新增和存量场馆，商业模式的拓展，也是助力大丰实业的重要一步。

从 2004 年雅典奥运会开始，大丰实业进军国际市场，迅速打开了局面，目前已经和美国、英国、德国、日本、澳大利亚、新加坡、希腊等二十多个国家与地区建立了良好的贸易关系。大丰实业在哈萨克斯坦剧院、俄罗斯表演艺术剧院、印度古尔冈梦想王国、斯里兰卡国家艺术剧院、希腊和平国际体育场、南非纳尔逊曼德拉体育场等海外场所都取得了不凡的成就。大丰实业的转型之路，反映的是全球经济一体化的大背景下正在发生的产业"大跨界"趋势。

三、数艺科技引领潮流，延伸产业覆盖面

文化创新，技术迭代，文旅产业进入全新时代。自 2017 年起，文体设施领航者大丰实业再次引领潮流，将数艺科技作为重点拓展方向。大丰实业的数艺科技积累了丰富的工程实践经验，拥有实景演绎、视觉艺术、装置艺术、

综合水景、互动体验、特效等手段的综合运用能力，能够为客户提供策划、创意、导演、设计、建设、运营、管理等整体集成解决方案和专业化的定制式服务。数艺科技融合数字、艺术、文化、科技，运用全息、虚拟现实、增强现实、幻影成像、机械、智能、光影、音效、互动等前沿技术，能够定制和设计出极具创意的演艺新业态。

2018年12月，大丰数艺科技斥巨资打造顶尖室内电音派对STELLAR NIGHT CLUB，融合世界一线品牌，借鉴前沿科学理念——"超弦理论"，以全球顶尖的灯光舞台及一流的设计团队，呈现一场顶级视听盛宴。该项目由大丰实业技研中心总经理统筹，特遣集团顶尖团队操刀，严格按照设计、生产、安装一体化专业流程。如果说舞美机械是STELLAR的硬核，那么控制系统一定是它的灵魂，STELLAR的核心机械系统STACON均由大丰实业自主研发。作为大丰实业舞台专用的运动控制系统，也是国内舞台行业第一家获得国际权威机构TUV认证符合SIL3标准的安全控制系统。STELLAR NIGHT CLUB是大丰实业与娱乐行业的首次合作，做出了许多大胆有趣的尝试，打造了一个全新的高新科技空间。首先是空中大屏，由十二块可平移翻转太空屏构成，亚毫米级误差工艺，只为打造史上最震撼的穹顶"太空舱"。十二米的STELLAR战舰从五环中心而降，引领人们穿越派对空间的彼端，搭载着高精度舞美设备，充满未来科技感的空中演艺舞台，营造身临宇宙战舰的震撼体验。大丰实业拥有的国际安全专利，采用西门子变频器对每一台机器全线位反馈，单位可以精准到亚毫米，每条线都有编号，每个螺丝都有规律性，全方位安全点位设置保证现场舞美的完整呈现，防止钢丝错位，保护全场安全。高精度脉冲反馈能够驱动空中79台舞美设备，各设备间不仅单独运作且安全互锁，为STELLAR保驾护航。每个细节都体现了大丰实业的专业度，用细节体现品质专业，让参与者可以尽情享受。

四、剧院为核心，打造综合文化演出全产业链

为实现"文体演艺全产业链"的发展目标，大丰实业还进军场馆建设运营、体育营销、体育竞技娱乐等体育服务业，市场占有率达到60%以上，由原先的制造企业向"制造+服务"的综合性企业转型。大丰实业已成为全国唯一同时拥有"国家文化产业示范基地"和"国家体育产业示范基地"的公司。大丰实业名下的杭州大丰文化传媒有限公司（简称文化传媒），立志成为

全球领先的剧院运营管理服务商，专注于以剧院为核心的文化综合体的运营管理服务，打造前期规划、剧场设计、剧场装修、剧场运营、剧目内容五位一体管理模式，依托剧院平台，打造剧目演出、艺术节策展、艺术教育、艺术商业开发的全产业链公司。

以余杭大剧院为代表，总耗时 26 个月，总用地面积 79.4 亩，总建筑面积 8.3 万平方米，分为地下一层和地上六层。大剧院分为 1200 座的大剧场、500 座的小剧场与展览中心，能够满足曲艺、话剧、钢琴独奏、中小服装展示秀场等多种功能需求。剧院舞台一侧可完全面向广场打开，在广场上的市民都能共享演出。大剧院依水而立、穿水而建，拥有独特的冰裂纹造型和倾斜的房顶，发展目标为重新定义城市文化艺术新生活，主要演出品牌有名家名剧月、舞蹈喜剧节、打开艺术之门、市民音乐会、时尚生活节等，计划年演出在 150 场以上。主体经营思路则以培育和普及地区文化艺术为首要责任，不断培养和提升市民艺术欣赏品味，用"公益性视角、市场化经营"的思路，加强商业经营的自我造血能力，以增加更多的国际、国家级高品质剧目，展现给当地市民。

丰马剧场，前身木马剧场，位于杭州城市中心地标的西湖文化广场内，是杭州第一家社会化小剧场，也是杭州小剧场话剧的发起者、先锋话剧的探索者。剧场包含小剧场、咖啡吧、功能室、衍生品商店等多元空间，其中小剧场面积约 500 平方米，可容纳观众 260 人，打造以小剧场为核心的文艺平台。剧场秉承"戏剧予爱"的核心理念、"开放与传承"的戏剧态度，打造学习型剧场。丰马剧场成立至今，成功演出约千场，拥有近万名会员，在豆瓣、新浪微博、微信上均有官方主页，关注度高，拥有良好的受众基础，多次接受媒体专题采访及新闻报道。

2017 年 11 月 18 日，大丰实业联合主办的第二届中国文体产业高峰论坛在西安落下帷幕。中国文体产业联盟秘书长、大丰实业副总经理赵红梅表示："举办该论坛的初衷就是将规划、创意设计、建设运营乃至金融等资源整合起来。"大丰实业董事长丰华指出："产业链衍生一直是我们的方向，一个文化综合体，往往既有大剧院，也有音乐厅，也有电影院，那么，上游的规划、创意、节目制作和策划，中游的建设，下游的场馆运营、经纪、票务，都是我们拓展的业务方向。"然而中国文体产业联盟，无疑成为其连接上下游的一个绝佳平台。

五、多元产业共同发展，创轨交名配角

以"文旅产业资源植入能力、数艺科技融合创意能力、各种业态+的整合能力"为核心竞争力，大丰实业继续在文化旅游项目整合创意、开发、建设、运营、服务的整体解决方案上不断提升。

文旅融合，整合开发

在文旅融合方面，大丰实业名下的浙江丰云文旅投资有限公司立志成为优秀的中国文旅产业融合发展商，主要业务包括文旅项目（文旅小镇、运动康养小镇、田园综合体、全域旅游）整合开发运营服务，文化演艺项目创意制作运营服务，城市和景区数艺科技（夜游）项目创意制作集成服务，文旅衍生产品研发营销四大板块。产业范畴包括景区演艺夜游项目赋能升级；文体产业园区、文旅特色小镇投资运营；景区、旅游目的地、全域旅游综合开发运营；文旅创意产品研发服务等。

国内最大的室外演艺秀——韶山《中国出了个毛泽东》，就是大丰实业的数艺科技与文旅项目整合的一个典型样本。该实景演出是整个韶山润泽东方文化产业基地的核心工程，以毛泽东同志一生为中国革命立下的丰功伟绩为线索，并以 3D、全息投影等技术为支撑，将山水实景与多媒体技术以及高科技立体舞台装置高度结合，完成创意设计。

精益求精坚守"名配角"战略

轨道交通产业是大丰实业开拓的一个新领域，浙江大丰轨道交通装备有限公司是中国轨道交通行业新兴的装备研发制造企业，是浙江省规模最大、实力最强的轨道车辆整体内饰、座椅生产企业。产业范畴横跨城轨、城际、高铁车辆配套、普铁及特种车辆配置，营运服务系统，公司年配套能力 2000 辆车，公司生产规模、装备实力、研发能力以及试验检测能力均处于行业领先地位。

大丰实业立足轨道车辆，拓展铁路装备，承包高铁列车、城轨列车、城际列车、磁悬浮列车的内装设备、列车设备，具体代表有长沙的磁悬浮列车、CRH 城际列车、杭州地铁 1 号线和 2 号线等。值得一提的是，2018 年 7 月 20 日，大丰轨道交通研制的印度高铁装备正式出口印度。此前公司完成了四方

CRH6F 城际动车组高端装备项目，进一步实现从地铁向高铁发展的产业升级。随着印度项目的深入推进，大丰也将和其他国家进一步洽谈，积极拓展高铁装备海外市场。坚守"名配角"战略，创新管理，专业服务，在轨道交通领域阔步前行。

六、业绩斐然，成就非凡，顺势抢占制高点

自 2016 年以来，大丰实业从传统的舞台机械提供商切入文体 EPC 和 PPP 领域，正在进行中的 EPC 和 PPP 项目目前超过 5 个。大丰实业以前做的是单个产品，后来是多个产品，现在目标定位是文体方案整体集成方案解决商。2018 年 11 月 9 日，工业和信息化部、中国工业经济联合会正式公布了第三批制造业单项冠军企业和单项冠军产品名单，大丰实业成为文化装备领域首家也是唯一获制造业单项冠军示范企业殊荣的公司。接受采访时，大丰实业董事长丰华表示："随着文体设施相关技术的发展，相关工程的设计要求也在提高，是否掌握强大的技术实力特别是其中核心技术就成为了项目承揽及实施成功的关键。研发是我们的核心竞争力，决定了企业长期的发展，近年来我们在核心产业的基础上不断拓展新产业，更是加大了研发投入的力度。"迄今为止，大丰实业已经累计获得国际、国内各项专利 700 余项，拥有有效专利 300 余项，其中发明专利近 80 项，部分专利已获得国际授权。

以重点文体活动为首，大丰实业连续 21 年成功承接央视春晚的舞台系统；顺利助力 G20 杭州峰会，承揽峰会所有场馆的核心专业设备和工程；保驾上海合作组织青岛峰会与厦门金砖峰会；创造雅加达亚运会的"杭州时间"；成功对接负责乌镇国际互联网大会及上海世博会；更有各省的艺术节活动项目等。

文化产业方面，大剧院、艺术中心、主题公园、广电中心、马戏场馆、会议会展、博物馆、商贸中心、交通中心等都在大丰实业的业务范畴之内。先后为以国家大剧院、江苏大剧院、重庆大剧院、唐山大剧院、天津文化中心大剧院、延安大剧院等为代表的剧院，广西文化艺术中心、海峡文化艺术中心、苏州艺术中心、上海世博演艺中心为代表的艺术中心，上海迪士尼乐园、Hello Kitty 主题乐园为代表的主题公园，中国动漫博物馆、漯河博物馆为代表的博物馆，义乌国际商品城、东海水晶城为代表的商贸中心，北京首都国际机场、广州白云国际机场、南京禄口国际机场为代表的交通中心，以及各地的广电中心、

马戏场馆、会议会展中心等国内外900余座场馆提供了舞台机械、专业灯光、印象设备、工程服务、声学装饰、公共装修和幕墙工程服务。

体育产业方面，大丰实业着重于场馆集成、国际赛事与体育中心，为全球千余座主要赛事的体育场馆提供了专业设备与工程服务，比如国家体育场——鸟巢、国家游泳中心——水立方、北京五棵松体育馆、广州国际体育演艺中心等，并对接了多项重大国际赛事，如南非世界杯、雅典奥运会、上海F1、韩国F1、美国F1等。数艺科技方面更是重视文体盛事、旅游演艺、文旅小镇、综合水景、3D投影秀、沉浸式剧场等。

大丰实业的创新发展目标明确、路径清晰，在每一个重要领域、重大项目、重大活动中承担着重要角色，在"文化强国"国家战略下，文化产业高速发展，同时体育及公共事业也在共同发展，瞄准政策、技术与项目的制高点，成为具有垂直一体化产业链竞争优势的实践文化装备业领导者。

资料来源

[1]《"大丰style"跳出中国范儿——浙江大丰实业有限公司打造央视蛇年春晚舞台纪略》，《余姚日报》，2013年2月16日，第2版。

[2]《在国际舞台演绎"大丰神话"——浙江大丰实业有限公司董事长丰华的入世感言》，《余姚日报》，2011年12月16日，第1版。

[3] 周瑶、吴文婧：《大丰实业贯通文体上下游打造新业态》，《证券日报》，2018年11月14日，第C4版。

[4] 朱艺艺：《解密大丰实业"隐形冠军"之路》，《21世纪经济报道》，2017年12月22日，第12版。

[5] 付向核：《浙江大丰：实践文化装备业升级》，《中国工业和信息化》2018年第8期。

[6] 张淼：《"大丰"起兮 永不停歇——访浙江大丰实业有限公司》，《演艺设备与科技》2005年第4期。

 经验借鉴

大丰实业2001年开始转向文化和体育产业，十年间从一个名不见经传的小企业，不断创新技术，以智能舞台为核心业务，迅速成长为目前国内规模最大、实力最强的文体产业系统集成供应商，且技术研发和生产能力均居于国际、国内同行业首位，拥有最先进的灯具、音响、视频系统，在文化、体育、演艺、旅游项目等各领域内取得优异的成绩，满足人们各类文体娱乐需求。总结起来，大丰实业股份公司的文化科技融合主要经验有如下几条：①开拓智能舞台的国产化之路。引进、消化、吸收再创新现有新技术新设备，以国家政策、技术、项目为风向标，积极迎合国内制造业"双创"生态氛围，勇于实践，相继荣获国家重点新产品、国家火炬计划、省部级科技进步奖，牵头制定了12项国家和行业标准，实现"中国制造"到"中国智造"的升级。②完善知识产权优势，专注专利研发。成立专门从事舞台机械工程的浙江大丰（杭州）舞台设计院，负责设计、研发、生产、安装与售后全部流程。拥有大量优秀的专业工程师并建立专用研发设计的实验室和办公室，投入费用超过1.5亿元，累计已获得国际、国内各项专利700余项。③文化装备与高新技术不断融合发展。多元合一，提升核心竞争力，提高文化装备的数字化、智能化和互动性程度。为了迎接和适应产业变革，大丰实业在技术产品研发方面大力投入资金与人才扶持，持续创新，以个性化、协同化、服务化为主流方向推进，比如大丰实业对承接的舞台机械工程就采取远程监控，可以随时了解各地使用情况。同时，推动演出装备向着规模化、集约化和专业化方向发展，使文体行业的艺术与科技快速融合，更具创造力、表现力与传播力。④数艺科技不断创新，拓展全新领域，延伸产业覆盖面。在娱乐行业、文旅项目行业做出巨大突破，引领潮流前沿技术，以专业化的整体集成解决方案和个性化定制式服务，定制创意演艺新业态。大胆尝试，带来新体验。同时，开拓轨道交通产业，产业范畴横跨各类城轨、城际、高铁等车辆的设计、生产、安装、售后全方位配套服务。⑤以剧院为核心，打造文化演出全产业链，专注文化装备产品的研发与深化服务。大丰实业的产品种类多，应用广泛，市场占有率较高。大丰实业以自己独具优势的舞台设施与公关座椅在公共领域树立自己的品牌形象，并逐步向各领域扩展，在诸多国内国际的舞台上一展风采，大丰实业已为全球超过5000座国外、国内场馆提供了专业设备与工程服务。⑥保持高影响的品牌效应，完善产业链，全方面发展。大丰实业目前立志成为集设计、生产、安装和售后服务于一体的文体设施集成商，在承接的各类文体场所与活动中，不断完善产业链，塑造知名品牌，尤其是在文旅项目与轨道交通等新领域内，拓展市场，扩大影响力，实现多元开发的格局。

本节启发思考题

1. 文化装备业零部件生产商如何转型升级?
2. 国产文化装备业如何打破国际垄断，提高核心竞争力?
3. 剧院运营管理如何做到文化与科技的融合?
4. 文旅项目如何做到有文化支撑，探索社会主流文化价值观?
5. 文体产业如何开拓新领域，避免盲目投资?
6. 文化装备业公司如何做到合理运用高新技术?
7. 娱乐行业项目及文旅项目如何实现差异化和特色化联动发展?
8. 如何提高文化装备业外向度，成功"走出去"?

会议展览服务与科技融合：
云上动漫游戏产业交易会案例

 ## 公司简介

中国国际动漫节（China International Cartoon & Animation Festival）由国家广电总局和浙江省人民政府主办，杭州市人民政府、浙江省广播电影电视局和浙江广播电视集团承办，是唯一的国家级动漫专业节展，也是国内规模最大、人气最旺、影响最广的动漫专业盛会，并且先后被国家"十一五"、"十二五"和"十三五"文化发展规划纲要列为重点扶持的文化会展项目，是"中华文化走出去"的重要平台。

作为我国首个国家级国际性动漫节展，中国国际动漫节不断茁壮成长、精彩蝶变，已经连续举办十五届，吸引了全球五大洲 80 多个国家和地区参与，参展企业和机构累计 14400 余家，参与人数累计 1764.14 万人次，交易额累计约 1651.4 亿元。

2020 年，为尽可能减少新冠肺炎疫情对动漫游戏产业的冲击，顺应广大动漫游戏企业的迫切需求，依托杭州数字经济先发优势，中国国际动漫节执委会办公室通过互联网举办首届"云上动漫游戏产业交易会"，为海内外动漫游戏业界企业、人士搭建云交易、云展售、云互动平台。

 ## 案例梗概

1. "云上动漫游戏产业交易会"提供无接触式国际商务服务，吸引多国企业关注参与。

2. 展示杭产动漫 5G 黑科技应用，助力动漫游戏企业复工复产。

3. 搭建数字化一站式活动平台，推进杭州动漫游戏领域新基建。

4. 推出"云端动漫嘉年华"活动，培育假日文化新消费模式。

5. 开展线上动漫惠民活动，丰富市民群众精神文化生活。

关键词：“云上动漫游戏产业交易会”；数字赋能；云上交易；5G科技；云上展售；云上互动

 案例全文

中国国际动漫节自2005年以来每年春天固定在杭州举行，它以“动漫的盛会、人民的节日”为宗旨，以“专业化、国际化、产业化、品牌化”为目标，以“动漫我的城市，动漫我的生活”为主题，内容囊20多个品牌项目，覆盖会展、论坛、大赛、活动四大板块。在推动中国动漫产业发展、展示动漫产业蓬勃发展势头、促进中外动漫文化领域深入交流合作等方面发挥了重要的平台和桥梁作用，也让动漫基因深深融入杭州城市气质，让杭州“动漫之都”这块城市文化金字招牌越来越闪亮。

疫情时代，本届交易会围绕“数字赋能　动漫创未来”这一主题，发挥杭州数字经济先发优势，突出5G、大数据、人工智能、VR等现代科技元素的应用，运用直播互动、视频会议等方式促进会议展览服务与科技融合。交易会精心为海内外动漫业界企业、专业人士、二次元爱好者们搭建“云上交易”“云上展售”“云上互动”三大板块共十六项活动且兼容PC和移动端的网络平台。轻点键盘，即可进行一站式洽谈交易、展示销售、娱乐互动，为推进杭州“动漫之都”建设增添了数字化、智能化新引擎。

一、云上交易：足不出户进行国际商务洽谈

作为首届“云上动漫游戏产业交易会”的重头戏，“云上交易”板块为海内外动漫游戏企业提供在线商务沟通、业界专业分享平台，吸引更多动漫游戏企业参加2020年下半年拟举办的“第十六届中国国际动漫节国际动漫游戏商务大会”（iABC）。该板块顺应疫情全球蔓延的态势，依托iABC平台，致力将动漫游戏产业与互联网相结合，打造“云端”动漫游戏产业国际交流桥梁，提供国际化、跨时区的线上对接服务；结合动漫游戏行业实际需要，以动漫游戏为载体，展示杭州特色文创内容，吸引更多国际化资源，助推中国原创、杭州原创动漫游戏内容“走出去”，促进文化贸易往来，搭建数字化的国际动漫游戏跨境交流平台。

无接触式国际商务服务吸引各国企业

为确保疫情全球蔓延态势下交易不断档，此次交易会依托"云上交易"系统平台，面向海内外动漫游戏企业在线提供一对一商务洽谈、IP 授权、外包项目发布、国际专场发布等系列无接触式商务服务，以"云端聚"连接"线下见"，让海内外动漫游戏企业通过"线连线"交流、"屏对屏"沟通，足不出户即可进行商务洽谈，吸引更多动漫游戏企业参加第十六届中国国际动漫节。

"云上交易"板块分为一对一在线商务洽谈和配套直播活动两大部分。在商务洽谈部分，为了帮助海内外动漫游戏企业更好地对接业务，通过视频会议的形式，开启一对一"云洽谈"功能。除此之外，参与者也可以在视频会议开启前的一周进行线上实时对接，自主选择对象并发起对话。在配套直播部分，聚焦新片发布、行业培训、授权衍生、项目发包、企业路演、国际专场等多元化活动内容。参与者进入直播平台链接既可在线观看，也可以参与实时互动。数十场配套直播活动，将开启动漫游戏行业新视野。

此次交易会有 1500 多家动漫游戏企业参与各板块活动，仅"云上交易"系统平台就吸引了 45 个国家和地区的 18107 位专业观众（包含 1380 位国际商务人士）关注，其中更有来自美国、加拿大、英国、韩国等 15 个国家和地区的动漫游戏企业上传动漫游戏项目 181 个参与交易，确定预约一对一视频商务会议场次近 800 场，意向成交金额超过 4000 万元。英国儿童媒体峰会、韩国文化振兴院还组织了当地动画企业在线发布最新项目及合作需求；日本东京电视台投资的杭州都爱漫等动漫游戏企业则带来了《飙速宅男》《银魂》《奥特曼》等一批国际热门 IP 亮相。

5G 黑科技应用助力企业复工复产

此次交易会还顺应疫情下动漫游戏企业的实际需要，专门设置杭产动漫游戏企业重点项目发布环节，助力动漫游戏产业全面复苏。中南卡通发布了其参与打造的"之江一号"AI 表演动画基地项目，并展示了可担任多个社会角色的虚拟人；博采传媒发布了其原创开发的以国内首位超写实虚拟女孩马当飒飒为代表的虚拟偶像项目。这些基于 5G、人工智能等高科技研发的新项目，充分展现数字赋能杭州动漫游戏产业发展的创新成果和"动漫+科技"的无限潜力，刷新了人们对动漫文化的传统认知。

杭州友诺文化的《乌龙院之活宝传奇（第二季）》等一批优秀动画新片也以直播方式首次亮相；蒸汽工场、炎魂网络等动漫游戏企业在线发布了系列项目；武汉动漫协会、知音动漫等湖北动漫游戏业界纷纷参与。同时，交易会还开设"2020 动漫新视野"主题专场，为内容创作型企业提供共同探讨疫后行业复苏方案的在线平台。

二、云上展售：创新拉动假日动漫文化消费

首届"云上动漫游戏产业交易会"把握"新基建"风口，搭建云上展售虚拟展厅，让展商在线展示企业介绍、合作需求等信息以及官网、店铺等链接，发布精选优质项目。同时，携手阿里旗下淘宝和天猫，联合举办"云端动漫嘉年华"活动，整合线上动漫、游戏及二次元商家，运用直播在线带货、开设动漫 IP 主题购物场等形式，集中展示千余款正版动漫游戏产品，提前预售动漫游戏及二次元限量商品，推出二次元人群喜爱的各种潮玩和硬核衍生品。

2.5D 模块技术推进动漫游戏新基建

此次交易会运用 2.5D 模块技术，创新搭建云上展售虚拟展厅，让参与的动漫游戏企业以独立虚拟店铺的形式呈现，上有企业展位、产品发布等信息，"网"聚欧漫达高、英国先锋影业、央视动漫集团、腾讯动漫、玄机科技、网易逆水寒等近百家海内外优质动漫游戏企业，展示数百个动漫游戏 IP 产品，营造实境化"云漫展"氛围，创设动漫营销新场景。交易会紧紧抓住"数字化"这个关键词，着眼长远搭建数字化一站式平台，推进杭州动漫游戏领域新基建，把握新基建全面兴起的大趋势。

"云端动漫嘉年华"培育新消费模式

此次交易会把握当前 C 端流量暴涨助推"云购物""直播带货"的潮流，联合阿里巴巴集团旗下淘宝、天猫推出为期 6 天的"云端动漫嘉年华"活动。该活动齐聚了近千商家，十万货品和《陈情令》、网易《阴阳师》、《秦时明月》、《全职高手》等多款正版 IP 联名新品。联手 Vsinger 虚拟偶像天团、阿里鱼虚拟主播子或等多位虚拟偶像开启 5G 直播互动，创造全新的超现实直播体验。以直播形式打造云端动漫小剧场，推出线上作家直播签售、Coser 连

线、联名商品独家发售等动漫内容体验项目。其中，天猫青年实验室携手宝可梦、高达、航海王等多个国际知名动漫 IP，打造沉浸式线上 VR 动漫互动体验"云端动漫乐园"，营造可玩、可逛、可买的动漫文化消费新体验。

三、云上互动：持续放大中国国际动漫节品牌效应

首届"云上动漫游戏产业交易会"运用高科技和新玩法伴漫迷们度过"五一"小长假，让"动漫我的城市，动漫我的生活"的理念更加深入人心。结合"金猴奖"、"天眼杯"漫画大赛、COSPLAY 超级盛典、声优大赛等中国国际动漫节品牌活动，发布系列最新项目，开展线上评审，进行在线直播互动。围绕防疫抗疫，推出线上主题漫画展。

各项赛事活动造势后期动漫节

此次交易会围绕中国国际动漫节系列品牌赛事活动，通过"云直播""云发布""云评审""云邀约"等方式，吸引更多业界人士、二次元爱好者参加第十六届中国国际动漫节。2020 年重新回归并由中央广播电视总台主办的"金猴奖"赛事，推出中英文网络征集评审系统，开展历届优秀获奖作品赏析，正式启动征集工作。

"天眼杯"中国（杭州）国际少儿漫画大赛在"5G 时代""垃圾分类""爱的传递"等基础上增设"全民抗疫""精准扶贫"两个主题，通过视频连线等形式邀请原创者分享作品背后的感人故事。

此次交易会还邀请知名声优主播进行现场互动直播，带来令人震撼的听觉盛宴，为 2020 年 6 月启动的声优大赛提前造势。针对中国 COSPLAY 超级盛典，对赛事规划、比赛规则等做解读，邀约各地 Coser 通过网络在天南海北共同发声："杭州，秋天见"，表达对第十六届中国国际动漫节的期待。

线上惠民活动丰富市民精神生活

此次交易会顺应疫情下人们对线上精神文化需求旺盛的态势，丰富动漫文化内容供给，让人们在小长假期间轻松畅享动漫文化盛宴。联合华数集团，精选优质动画，通过华数数字电视平台和中国国际动漫节官网，推出国内外优秀动画展播活动，让动漫爱好者在家就能免费看到心仪的动画影视片。同时，交易会还结合"云端动漫嘉年华"活动，打造沉浸式"云端动漫乐园"

"云端动漫小剧场"，联手洛天依、乐正绫等十余位虚拟偶像开启 5G 直播互动，为二次元人群带来沉浸式的互动体验。

围绕防疫抗疫，联合人民网浙江频道，交易会上还推出了以"漫援抗疫·为爱加油"为主题的漫画 VR 展，以全景式沉浸式 VR 展现方式，通过青少年的画作，科普防疫知识，展示感人抗疫事迹，传递全球战疫必胜信心。此外，加强与各级各类新媒体、直播平台的合作，发起抖音挑战赛、微博话题互动等活动，幸运者有机会获取具有国漫风和动漫节元素的真丝口罩等动漫周边衍生产品以及第十六届中国国际动漫节全程免费接待名额。

以变应变，因事制宜，动漫游戏产业发展主动变阵，建设战略性新兴产业、未来产业矩阵，也就带动了产业的优化和科技融合。值得一提的是，"云上动漫"不只是形式创新和物理场地的转移，更是数字服务理念的一次内核创新，从而让技术的进步释放更多可能性。作为国内首个通过互联网举办的融交易、展售、互动于一体的动漫盛会，首届"云上动漫游戏产业交易会"是对创新展会服务模式的尝试和探索，是助力动漫游戏产业化危为机、发力蓝海的务实举措。截至 2020 年 5 月 5 日，已有 1502 家动漫游戏企业参与各板块活动，为第十六届中国国际动漫节商务板块带来 22% 的新用户增量。2020年 9 月，众所期盼的第十六届中国国际动漫节顺利举行。本届动漫节共有约 1086 万人次通过线上线下方式参与互动，充分彰显了动漫产业交流交易的平台价值。

资料来源

[1] 张洁君、陆思彬：《国内首个"云上动漫游戏产业交易会"六大亮点精彩呈现》，"中国杭州"政府门户网站，2020 年 4 月 29 日；

[2] 汪玲、陆思彬：《首个"云上动漫游戏产业交易会"举行》，《杭州日报》2020 年 4 月 30 日，第 A02 版。

[3] 江南、刘阳：《云上动漫游戏产业交易会落幕　达成意向成交金额超4000 万元》，《人民日报》2020 年 5 月 8 日。

[4] 刘欣：《国内首个"云上动漫游戏产业交易会"来了》，《中国广播影视》2020 年第 9 期。

经验借鉴

　　首届"云上动漫游戏产业交易会"融合5G等新科技创设云上交易、云上展售和云上互动三大板块，探索出了一条云展会服务模式的独特路径，成功为动漫游戏产业纾困解难。明者因时而变，知者随事而制。本次交易会创新会展服务模式的主要经验有以下几点：①吸收先进的展览业理念，紧跟国家政策导向，加快传统展会数字化转型，尽快适应疫情常态化新趋势。②加快科技融合创新，建设线上智慧会展平台，推动会议展览服务数字化升级。会议展览行业要有效利用现代信息科技，如互联网、5G、大数据、云计算、区块链、人工智能等信息技术，全力推进智慧场馆建设，优化升级现有场地基础设施，赋能主办方拓展"线上展览"的可能性。③加速搭建无接触云上商务洽谈平台，积极探索"互联网+会展"，创新会展服务商业模式。由"面对面"沟通转变成为"屏对屏"交流，以新型信息技术为驱动，培育线上线下交互的智慧会展新经济业态，推动实体经济向数字化经济加速转型。④邀请名人加盟会展直播，讲好会展故事，放大会展品牌效应。互联网时代流量为上，会展转型势在必行，名人效应可以聚集公众注意力。⑤开设权威性赛事活动，增加会展核心竞争力。一些重大赛事活动的举办能够提升会展含金量，相应的线上惠民活动也能保证会展的持续吸引力。⑥坚毅笃行，将展览与展销相融合，培育新消费模式，寻求较好的经济、社会、生态效应。会展服务主动与天猫等优质互联网技术企业、互联网媒体、高科技信息机构等密切沟通合作，整合各方资源，互惠互利，提升效率。

 本节启发思考题

　　1. 数字赋能将为会议展览相关企业带来哪些改变？

　　2. 5G等新兴技术如何助力动漫游戏企业复工复产？

　　3. 怎样利用云会议和云展览培育新的消费模式？

　　4. 后疫情时代的会议展览服务如何丰富人民的精神生活？

文化科技融合的路径、障碍与对策研究

摘要： 2019 年浙江省起草了《浙江省关于促进文化和科技深度融合的实施意见》，全力推动文化科技融合的纵深发展。通过 12 个具有典型代表性的新时代浙商文化科技融合案例，梳理出文化科技融合的四种路径：技术融合、产品融合、企业融合和市场融合；分析了文化科技融合的三个障碍：需求障碍、能力障碍、制度障碍；最后，从坚持融合战略、聚合业务板块、探索媒体融合、推进渠道扩张、依托数据赋能五个方面提出文化科技融合的对策建议。

关键词： 文化科技融合；路径；障碍；对策；新时代浙商

一、文化科技融合的路径

随着信息技术与互动媒体的发展，科技创新使得文化生产有了质的飞越；新复制、分销技术的进步，数字化内容促进了市场的扩大与产品种类的丰富，促进了文化产业的蓬勃发展。文化创意产业化融合是文化创意与科技创新融会贯通的持续过程，提升到了国家战略的高度，2013 年"文化与科技融合"，2014 年"文化创意和设计服务与相关产业融合"；同时，创意经济发达国家的实践表明，走融合发展之路已成为一种不可阻挡的发展趋势。联合国教科文组织早在 2013 年《创意经济报告》中就明确指出，创意经济在发达国家呈现不同的越界扩容与转型升级是未来最值得关注的发展趋势。

产业融合的现象最早出现于数字技术兴起导致的信息产业内部各行业间的相互交叉。日本学者植草益从产业融合的动因和影响两方面阐述产业融合的定义，认为"产业融合就是通过技术革新和放宽限制来降低行业间的壁垒，加强各行业企业间的竞争合作关系"。厉无畏强调,"产业融合是指不同产业或同一产业内的不同行业通过相互渗透、相互交叉,最终融为一体,逐步形成新产业的动态发展过程"。

伦敦国王学院文化、媒体与创意产业中心的 Andy Pratt 教授早在 1997 年就从价值链视角将创意构思、加工生产、大众分销、创意消费四个环节组合成链式的"创意产业生产系统"(Cultural Industries Production System),并提出节约交易成本、分享知识溢出、寻求地理接近、提升创意经济是创意产业生产系统得以形成的四大动因。随后,越来越多的创意阶层、创意企业、创意社区添加新的功能和活动到整个系统中,慢慢地,整个系统脱离链式结构转向网状生态系统(Ecosystem)。

本书表明,文化创意产业业态裂变与跨界融合将重组传统的价值链和价值网络,使创作环节实现开放、高效、协同;传播环节实现高速、有序、安全;展现环节实现逼真、沉浸、交互。文化科技融合的路径主要有四类:技术融合、产品融合、企业融合和市场融合。

技术融合

技术层面的融合是文化科技融合的基础。科学技术在不同产业之间的扩散消除了技术性进入"壁垒",使技术边界趋于模糊,技术融合是产业融合的最基本层面,如胡惠林提到了文化产业发展的"科技前导规律",吴忠泽认为科技创新是现代文化产业的"翱翔之翼",张晓明形象地表述道数字技术引发创意产业的"热核反应",均说明生产技术、传播技术,尤其是数字化信息技术是推动文化产业革命的主导力。

产品融合

产品层面的融合是文化科技融合的标志。在技术融合的基础上,通过借用两个以上产业的经营要素,开发出融合性产品,并推向市场,以满足不断变化的新市场需求。比如非物质文化遗产旅游,将民俗风情、传统技艺和民间艺术等软性传统文化资源作为共同生产要素,通过技术开发以现代的形式加以表现,既能传播和保护非物质文化,又能吸引年轻的旅游者,以达到"以文促旅,以游养文"的目的。

企业融合

无论是技术融合，还是产品融合，执行层和实施层都在企业，因此，企业层面的融合是文化科技融合的载体。企业融合又可以称为组织融合或业务融合。企业通过多样化兼并，不同业务借助同一运作平台（如同一信息系统、相同客户资源系统、同一销售渠道等）加以开展，相互之间形成互补性。企业融合会使得组织结构从纵向一体化向横向一体化、混合一体化、虚拟一体化转变。

市场融合

市场层面的融合是文化科技融合的动力。市场融合在技术融合、产品融合、企业融合的推动下，不同产业突破各自边界，在市场层面出现交叉与渗透现象，是较高层面的融合。产业的市场运作、市场营销的创新、品牌整合与培育、资本运营是市场融合的主要表现。

二、文化科技融合的障碍

文化创意产业化融合是未来文化建设的新亮点和经济的增长极，它从供给角度创造了产业成长的广阔空间、生态网络、竞争能力，它也从需求角度适应了消费者更加精细、个性、多样的消费特点。然而认识和克服文化科技融合过程中的障碍因素，将会为产业竞争力提升奠定良好的基础。结合文化科技融合的路径，可以将融合的障碍分为三个：需求障碍、能力障碍和制度障碍。

需求障碍

需求障碍主要包括消费能力、消费偏好、行为习惯、消费方式和消费者的学习能力。融合创新形成的文化产品和创意服务，都面临着市场的检验。是否愿意接受、是否有能力接受、是否持续消费与消费观念、消费行为、消费能力、消费者成熟度紧密关联，且顾客的消费行为通常具有路径依赖性。不过，在中国文化市场中，消费观念或行为并非固化，具备一批学习能力强并且愿意尝试新鲜成果的消费群体，关键还在于供给方如何引导和创新营销。

能力障碍

能力障碍主要包括企业整合能力、核心能力刚性和学习创新能力。首先，技术融合、产品融合、企业融合和市场融合均充分考验企业从内到外、从上到下、从现实到虚拟的整合能力；在融合过程中，企业会遇到与核心竞争力相随而生的核心刚性的阻挠，这是一种阻碍企业获得持续竞争优势的惯性系统。随着顾客追求的核心利益不断变更，企业原有的核心竞争力时刻面临着被打破的可能；创新能力是文化产业最为核心，也是最宝贵的产业能力，它直接影响产品设计、产品形态、生产方式、流通渠道、品牌营销等各个方面。

制度障碍

制度障碍主要包括市场垄断、管理欠缺、政策管制等。许多文化产业的跨界融合处在"行为先"阶段，相应的理论体系、人才培养体系、公共服务体系、标准体系、中介服务体系、基础科研体系都尚未建立起来，无法满足产业发展的迫切要求。

三、文化科技融合的对策建议

坚持内容创新，培育优质IP

《影视节目制作与科技融合：华谊兄弟传媒股份公司案例》中华谊兄弟锤炼内容，坚持"内容+平台"战略，首创"原创电影IP+地方文化特色"的模式，开启"VR、粉丝经济、多屏互动、游戏"，多战略布局，发挥线下优势，不断探索消费新模式，打造"全娱乐创新工厂"。《创意设计服务与科技融合：美盛文化创意有限公司案例》中美盛多元并行，积极开展动漫产业作品的制作与开发，构建动漫IP文化生态圈。《娱乐休闲服务与科技融合：宋城演艺发展股份公司案例》生动展现了老牌演艺文化企业的互联网布局，转变"主题公园+现场演艺"模式，形成以科技、互联网娱乐为核心的IP新模式，涉足直播、游戏、虚拟偶像领域。

做强技术创新，探索供给侧改革

《图书出版发行与科技融合：浙江出版联合集团案例》较好地诠释了浙江

出版联合集团坚守主业,把握智能出版规律,坚持创新驱动,推动出版行业质量变革、效率变革、动力变革,变"传统出版"为综合性的覆盖全域的知识服务平台。《电视信息服务与科技融合:华数数字电视传媒集团有限公司案例》充分展示了华数集团立足数字经济,布局"智慧广电+政务""智慧广电+民生""智慧广电+教育""智慧广电+安防",变"传统广电"为智慧广电运营商。《文化装备生产与科技融合:浙江大丰实业股份公司案例》中大丰实业通过创新舞台科技,集先进的灯具、音响、视频系统于一体,从"制造"到"智造"转身,开启智能舞台的国产化之路。

聚合业务板块,打造全产业链

《互联网游戏服务与科技融合:杭州电魂网络科技股份有限公司案例》中电魂网络是以竞技类游戏为主体的综合游戏开发商、运营商,在移动端游戏、电脑端游戏和主机游戏及海外出口代理方面展开布局;《广告服务与科技融合:思美传媒股份公司案例》中思美传媒推进以微电影为核心的全方位整合营销服务,发展整合营销产业链,形成"大营销、泛内容"格局;《网络文娱平台与科技融合:阿里巴巴文化娱乐集团案例》强调内容为王,构建"剧—综—体"内容铁三角,发挥网络优势,线上线下渠道贯穿,布局"泛文化"内容开发,打造网络版影视全产业链。

探索媒体融合,构建生态级媒体平台

《报纸信息服务与科技融合:浙报传媒控股集团案例》中浙报传媒探索PC端、纸媒端、移动端"三端融通",实现"全方位、全天候、全覆盖报道"新闻网络,构建"媒立方"智能传播服务平台,推动新闻产业进入在线时代。《数字出版与科技融合:咪咕数字传媒有限公司案例》中咪咕数媒顺应数字浪潮,深挖数字阅读移动端,从五环节(内容创作、产品研发、运营推广、便捷支付、衍生拓展),五模式(纸质出版、电子出版、有声出版、视频出版、衍生出版),五同步(内容发行、衍生协同、渠道推广、广告发布、粉丝运营),推进全民阅读进程。

推进渠道扩张,推动中华文化"走出去"

《影视节目发行与科技融合:浙江华策影视股份公司案例》阐述了企业以"走出去"为己任,推广自身品牌,渗透中国文化元素于海外市场。在方法上

通过打造具有国际化思维的平台型企业，做到内容和渠道深度融合。《图书出版发行与科技融合：浙江出版联合集团案例》中浙江出版联合集团也在不断地推动图书出版"走出去"，践行"一带一路"倡议，向沿线国家讲好中国故事。

依托数据赋能，孵化云端数据平台

《设计服务与科技融合：思美传媒股份公司案例》中思美传媒重视对数据的投资，从最初的购买数据，到自主研发数据分析体系和数据平台，不仅提高广告投放的精准性，更是为思美传媒的整合内容营销奠定了技术基础。《互联网信息服务与科技融合：宁波云朵网络科技股份有限公司案例》通过构建政企云端数据库，打通政企线上、线下服务链，优化流程，汇聚数据信息，实现平台中各方的共享利用。《会议展览服务与科技融合：云上动漫游戏产业交易会案例》中云上动漫融合 5G 等新科技，创设云上交易、云上展售和云上互动三大板块，探索出了一条云展会服务模式的独特路径，成功为动漫游戏产业纾困解难。

资料来源

［1］陈颖：《文化创意产业化融合的路径、障碍与对策》，《深圳大学学报（人文社会科学版）》，2018 年第 2 期。

［2］陈颖：《文化与科技融合创新指数的构建与评价》，《科技管理研究》，2016 年第 10 期。

附录1 《浙江省关于促进文化和科技深度融合的实施意见》

浙江省关于促进文化和科技深度融合的实施意见

为贯彻落实科技部、中宣部等六部门《关于促进文化和科技深度融合的指导意见》，抢抓浙江数字经济"一号工程"发展机遇，进一步发挥科技对文化建设的支撑作用，促进文化和科技双向深度融合，推动文化事业和文化产业更高质量发展，提出以下实施意见。

一、总体要求

（一）指导思想。以习近平新时代中国特色社会主义思想为指导，对标对表"重要窗口"新目标新定位，统筹推进文化浙江和创新强省建设，促进文化和科技双向深度融合，全面提升文化科技创新能力，推动文化事业和文化产业高质量发展，更好满足人民群众美好文化生活新期待，为"两个高水平"和"重要窗口"建设贡献力量。

（二）基本原则。树立"在线"理念。着眼危中寻机、化危为机，突出云思维云平台云产业，将文化云平台建设作为文化和科技融合的主攻方向和突破口，加快培育文化新业态新模式新场景，开启浙江文化产业"云时代"。

注重双向融合。既要充分发挥科技对文化建设支撑作用，又要发挥优秀传统文化、革命文化和社会主义先进文化对科技创新的引领作用，力争在文化科技双向深度融合中形成丰富的创新性成果。

突出集成创新。瞄准世界文化科技发展前沿，通过集成创新，切实加强文化领域共性关键核心技术研发，加快科技成果在文化领域的广泛应用，抢占文化事业和文化产业发展的制高点。

（三）主要目标。到 2025 年，争取创建一批文化科技领域国家科技创新基地，国家文化和科技融合示范基地达到 15 家以上，形成 30 家拥有知名品牌、引领行业发展、竞争力强的全国文化和科技融合领军企业；培育省级文化和科技深度融合示范园区 50 个、"文化上云"示范企业 100 家；重点领域全国领先、各类主体协同创新、发展载体统筹立体、成果转化渠道通畅的文化和科技融合创新体系基本形成，文化和科技融合成为文化创新的重要动力、文化高质量发展的重要引擎。

二、重点任务

（一）加快文化产业云平台建设。利用物联网、云计算、人工智能等新技术对文化产业进行全方位、全链条改造，汇聚文化大数据，加快发展文化科技新模式新业态新产品，推动文化数字化成果走向网络化、智能化。推出一批在线文化产业应用场景，发展在线设计、在线文娱、在线文化会展、在线教育等新模式。依托国家文化和科技融合示范基地、人工智能小镇等产业平台，建立"智能+文化"开源技术开发社区，强化文化领域新一代人工智能技术的有效供给。结合我省数字社会建设和未来社区建设试点工作，开展数字文化社区建设。

（二）加快公共文化和旅游服务云平台建设。落实国家文化大数据体系建设有关要求，参与国家文化专网华东分平台建设，参与中国文化遗产标本库、中华民族文化基因库、中华文化素材库建设。实施一批数字文化场馆建设工程，打造"云游"博物馆、纪念馆、艺术馆等沉浸式全景在线产品，加快文化传承数字化。推进诗画浙江·文化和旅游信息服务平台建设与应用，完善浙江智慧文化云平台，提供"一站式"公共文化服务。

（三）推动媒体融合纵深发展。坚持一体化发展方向，实施移动优先战略，打造浙江融媒体矩阵。积极培育新媒体头部企业，以流量为重要标准评判媒体融合质量。支持浙报集团打造天目新闻客户端，打造"正能量、管得住、用得好"的省级融媒体 MCN，支持浙报融媒体科技基于天目云、天枢平台构建泛媒体融合和正能量智能传播服务平台；支持浙江广电集团打造中国蓝新闻客户端，发挥新闻、综艺、短视频、影视资源、制播技术等优势，开展线下线上双向互动；推动市县打造具有地方特色和较强传播力的移动融媒体产品。加快将人工智能等新技术应用于信息采集、生产、传播各环节，强化正面宣传的个性化定制、精准化生产与智能化推送。

（四）引导数字化文化消费。支持杭州等地创建国家文化消费试点城市，鼓励网络视频、网络游戏、网络文学、网络直播等数字文化消费业态。推动文化消费线上线下融合创新，探索文化产品多渠道发布、多网络分发、多终端呈现，支持"云课堂""云听""云音乐节""云旅游"等新型文化消费。指导企业充分利用在线平台，加强优势产品的线上营销。依托中国（浙江）影视产业国际合作实验区，加快提升我省数字内容产品与服务海外输出能力。

（五）推进文化引领科技创新。广泛开展中华优秀传统文化教育、革命文化教育和社会主义先进文化教育，充分激发先进文化理念在主导价值取向、激发创新活力、提高思维水平等方面对科技创新的引领作用。以原创数字内容充实品牌文化内涵，以创新设计整合技术、资本和生产，提升产品与服务附加值。

（六）提升文化装备技术水平。加快广播电视网络升级和智能化建设，支持高清电视和4K/8K超高清电视等技术在相关设备、软件和系统的应用和配备。加快激光放映、虚拟现实、光学捕捉、影视摄录、高清制播、图像编辑等高端文化装备自主研发及产业化。加强舞台演艺和观演互动、播控技术数字化和自动化、影视制作及演播等高端软件产品和装备自主研发及产业化。加强智能化的文化遗产保护与传承、数字化采集、文化体验、公共文化服务和休闲娱乐等专用装备研制。

（七）加强文化共性关键核心技术研发。以数字化、网络化、智能化为技术基点，重点突破新闻出版、广播影视、文化艺术、创意设计、文物保护利用、非物质文化遗产传承发展、文化旅游等领域系统集成应用技术，开发内容可视化呈现、互动化传播、沉浸化体验技术应用系统平台与产品，优化文化数据提取、存储、利用技术，发展适用于文化遗产保护和传承的数字化技术和新材料、新工艺。

（八）培育壮大文化科技企业。发挥企业在文化和科技融合中的主体作用，大力培育壮大文化领域科技型中小微企业和高新技术企业。引导互联网及其他相关领域龙头企业布局数字文化产业。支持各地引进和培育一批具有示范性、引领性的数字文化龙头企业和品牌。鼓励文化科技企业的收购、兼并，支持各类高新技术企业与文化企业开展技术、项目等合作。鼓励文化科技企业连锁发展，并协助推动异地分支机构享受同等政策。充分发挥大企业龙头带动作用，通过生产协作、开放平台、共享资源等方式，支持上下游中小微企业协同发展。

（九）积极推动政产学研用协同创新。明确企业、科研院所、高校、社会组织等各类创新主体功能定位，构建开放高效的创新网络。鼓励和支持浙江大学、中国美术学院等普通高校、艺术类院校，之江实验室等研究机构及相关行业龙头企业，广泛开展项目合作创新，协同建设文化和科技融合创新领域的国家级及省部级科技创新基地。积极推动建设以骨干企业牵头、高校院所及上下游企业共同参与的文化科技创新联盟。

（十）有效引导县域文化和科技融合。指导和支持有条件的县（市、区）在文化科技企业中建设一批省级企业研发中心等企业研发机构，围绕特色优势文化产业创建一批产业创新服务综合体。获省文化产业发展专项资金扶持的县（市、区）要发挥示范作用，给予文化和科技融合项目适当支持。

（十一）打造和创建一批示范性载体。把国家文化和科技融合示范基地建设作为全省文化科技创新和产业发展的核心载体，全力支持杭州、宁波、横店等国家文化和科技融合示范基地建设达到全国领先水平。鼓励和支持有条件的地区和龙头企业申报国家文化和科技融合示范基地。突出之江文化产业带的主平台作用，推动"之江发展核"建成"文化+科技"特色的全省数字文化产业发展高地。

（十二）完善文化科技创新平台。支持国内外重要文化科研机构来我省设立各种创新平台，符合条件的优先纳入全省重点创新平台、创新团队扶持计划。积极鼓励骨干企业创建国家重点实验室、国家技术创新中心、国家企业技术中心等国家级研发创新机构。

（十三）畅通文化科技成果转化通道。以省重点研发计划为抓手，疏通应用基础研究和产业化连接的快车道，打通关卡，实现创新链与产业链精准对接。推动文化科技项目纳入浙江科技大市场，及时发布符合文化产业发展方向的科技成果包。联合相关高校、科研机构和企业等专业力量，共同发起成立省数字文化技术研究机构，开展文化科技咨询、技术评估、技术转移、成果转化等方面的文化科技服务，推进文化和科技融合成果产业化。

三、保障措施

（一）加强组织领导。完善以省科技厅、省委宣传部牵头，省委网信办、省经信厅、省财政厅、省文化和旅游厅、省广电局等部门参与的工作机制，协调推进全省文化和科技融合工作。建立省、市、县联动的协同工作和服务机制。建立文化和科技融合统计监测与评价制度，对全省、各市及重点园区文化和科技融合发展的质量效益进行动态监测。

（二）优化政策引导。通过现有财政资金渠道支持文化和科技融合载体建设。鼓励文化企业申报科技型中小企业、高新技术企业、创新型领军企业，全面落实研发费用税前加计扣除、高新技术企业所得税优惠等政策。推动符合条件的文化产业园区申报省级科技企业孵化器和省级备案众创空间。建立科技型企业数据库和高新技术企业后备库，鼓励有条件的地方对文化科技企业入库、成长为高新技术企业给予适当奖励。文化科技重点项目用地优先纳入各级国土空间规划和年度供地计划，优先安排项目用地。强化科技信贷、信用担保、科技保险、股权投资激励等金融扶持政策力度，引导金融机构开发创新型金融产品。支持版权评估、文化企业信用评级等中介机构的发展。省转型升级产业基金对符合基金投向的文化科技企业和项目给予重点支持。支持和推动条件成熟的文化科技型企业发债和上市融资。创新文化科技融合重点领域知识产权保护体系，净化知识产权保护环境。

（三）强化人才支撑。支持省内高等院校、职业学校与全国科技型文化企业联合建设文化科技人才培养基地、专业人才实训基地等，重点加强创新型、复合型、外向型文化科技跨界人才培养。建立文化和科技融合决策咨询机制，发挥省文化产业创新发展研究院等省级智库平台作用。在文化科技领域重点培育一批全国"四个一批"人才、全省"五个一批"人才、省宣传思想文化青年英才、青年艺术人才（"新松计划"）、青年影视人才（"新光计划"）等重点文化人才。

附录 2 浙江省文化科技融合榜单

浙江省重点文化企业（2019~2020 年）

浙江出版传媒股份有限公司	浙江影视（集团）有限公司	宋城演艺发展股份有限公司
浙江华策影视股份有限公司	思美传媒股份有限公司	杭州佳平影业有限公司
浙江好酷影视有限公司	杭州火石品牌策划有限公司	杭州老鹰教育科技股份有限公司
杭州巴九灵文化创意股份有限公司	杭州装点文化创意有限公司	海伦钢琴股份有限公司
音王电声股份有限公司	宁波创源文化发展股份有限公司	宁波卡酷动画制作有限公司
宁波酷乐潮玩文化创意有限公司	浙江中胤时尚股份有限公司	奥光动漫股份有限公司
乐清市创意影视器材有限公司	欧诗漫生物股份有限公司	乌镇旅游股份有限公司
慈文传媒股份有限公司	浙江力天影视有限公司	斯贝克电子（嘉善）有限公司
浙江西塘旅游文化发展有限公司	浙江依爱夫游戏装文化产业有限公司	美盛文化创意股份有限公司
浙江明牌珠宝股份有限公司	横店影视股份有限公司	浙江横店影视城有限公司

浙江省数字文化示范企业（2019~2020 年）

浙报数字文化集团股份有限公司	浙江广电新媒体有限公司	博库数字出版传媒集团有限公司
华数数字电视传媒集团有限公司	杭州电魂网络科技股份有限公司	杭州阿优文化科技有限公司
杭州网易云音乐科技股份有限公司	杭州壹网壹创科技股份有限公司	杭州微念品牌管理有限公司
杭州时光坐标影视传媒股份有限公司	杭州微拍堂文化创意有限公司	咪咕数字传媒有限公司
杭州米络星科技（集团）有限公司	杭州万事利丝绸文化有限公司	果麦文化传媒股份有限公司
杭州玄机科技股份有限公司	杭州绝地科技有限公司	浙江博采传媒有限公司
杭州有朋网络技术有限公司	得力集团有限公司	浙江大丰实业股份有限公司
贝发集团股份有限公司	宁波甬派传媒股份有限公司	浙江字节跳动科技有限公司

浙江艾叶文化艺术品股份有限公司	浙江岩华文化科技有限公司	浙江越生文化传媒集团有限公司
金华比奇网络技术有限公司	金华就约我吧网络科技有限公司	丽水正好电力实业集团有限公司科技网络分公司

浙江省重点文化产业园区（2019~2020 年）

浙江国际影视中心（浙江广电集团）	凤凰御元艺术基地（杭州市上城区）	杭州创意设计中心（杭州市江干区）
新禾联创数字时尚产业园（杭州市江干区）	乐富智汇园（杭州市拱墅区）	杭州之江文化创意园（杭州市西湖区）
中国（浙江）影视产业国际合作区（杭州市西湖区）	杭州市西溪创意产业园（杭州市西湖区）	大美创意园（杭州市西湖区）
杭州智慧产业创业园（杭州市西湖区）	杭州白马湖生态创意城（杭州市滨江区）	宁波市国家大学科技园（宁波市镇海区）
宁波国家广告产业园（宁波市鄞州区）	集盒文创产业园（宁波市鄞州区）	宁波和丰创意广场（宁波市鄞州区）
明月湖文化创意产业园（慈溪市）	宁波市影视文化产业区（象山县）	宁波民和文化产业园（宁波市高新区）
甬港现代创意园（宁波市高新区）	浙江创意园（温州市鹿城区）	温州智慧谷文化创意园（温州市鹿城区）
红连文创园（温州市龙湾区）	瑞安日报电商文创园（瑞安市）	洛舍镇钢琴文化产业园（德清县）
嘉兴国际创意文化产业园（嘉兴市南湖区）	嘉报集团文化产业园（嘉兴市南湖区）	中国（浙江）影视产业国际合作实验区海宁基地（海宁市）
海宁中国皮革城品牌风尚中心（海宁市）	凤岐茶社数字经济产业园（桐乡市）	中国轻纺城创意园（绍兴市柯桥区）
浙中网络经济中心（金华市婺城区）	金华 CRC 文化创意园（金华市婺城区）	金华清大创新科技园（金华市婺城区）
横店影视文化产业集聚区（东阳市）	开化根缘小镇（开化县）	舟山市定海伍玖文化创意中心（舟山市定海区）
台州老粮坊文化创意产业园（台州市椒江区）	台州市路桥区广告创意印刷产业园区（台州市路桥区）	仙居中国工艺礼品文化创意产业园（仙居县）
云和县木玩文化产业园（云和县）		

浙江省文化创意街区（2020 年）

凤凰山南影视街区（杭州市上城区）	杭州新天地文化创意街区（杭州市下城区）	春江花月夜文化创意街区（杭州市富阳区）
千岛湖骑龙巷文化创意街区（淳安县）	宁波鼓楼沿文化创意街区（宁波市海曙区）	海曙区南塘老街文创产业街区（宁波市海曙区）
江北区星街坊文化创意街区（宁波市江北区）	外滩时尚街区（宁波市江北区）	宁波文化广场创意街区（宁波市鄞州区）
宁波书香文化街区（宁波市鄞州区）	宁波溪口银泰武岭坊文化创意街区（宁波市奉化区）	慈溪天元古玩一条街（慈溪市）
前童古镇历史文化街区（宁海县）	黎明 92 文化创意街区（温州市鹿城区）	印象南塘文创街区（温州市鹿城区）
米房 cei 文化创意街区（温州市鹿城区）	龙湾文昌文化创意街区（温州市龙湾区）	乐清市宋湖里坊文化创意街区（乐清市）
溪坦工艺礼品文化创意街区（瑞安市）	公园路历史文化创意街区（瑞安市）	丽水街漫享文化创意街区（永嘉县）
瓯窑小镇大师街区（永嘉县）	廊桥文化创意街区（泰顺县）	矾山镇福德湾文化创意街区（苍南县）
新市古镇仙潭文化街区（德清县）	长兴东鱼坊历史文化街区（长兴县）	遇花园文化创意街区（安吉县）
南湖区火车头文化创意街区（嘉兴市南湖区）	西街创意街区（嘉善县）	乌镇镇子夜路互联网文化创意街区（桐乡市）
绍兴金德隆文化创意街区（绍兴市越城区）	鲁镇文化创意街区（绍兴市柯桥区）	柯桥创 E 工场文化创意街区（绍兴市柯桥区）
绍兴市上虞区文化旅游风情街（绍兴市上虞区）	金帆街文化创意街区（金华市婺城区）	佛堂老街（义乌市）
老齿轮 1967 文创街区（浦江县）	杉杉·普陀天地文创街（舟山市普陀区）	南官天地文化创意街区（台州市路桥区）
天台县和合文化创意街区（天台县）		

第五批浙江省成长型文化企业（2020 年）

西泠东道（杭州）文化创意有限公司	浙江新跃舞台工程有限公司	杭州宝仑会议服务有限公司
杭州意汇文化艺术有限公司	杭州嘉禾雕塑艺术有限公司	杭州钱塘传媒有限公司
杭州炎魂网络科技有限公司	杭州轻漫文化创意有限公司	杭州流彩动画有限公司
杭州黑岩网络科技有限公司	杭州胡须先生文化创意有限公司	浙江睿宸影视制作有限公司
杭州龙拓网络科技有限公司	杭州通明星球数字科技有限公司	杭州右文文化传媒有限公司
杭州如涵文化传播有限公司	杭州聚轮网络科技有限公司	杭州飞鸟与禾文化创意有限公司
杭州品康电子商务有限公司	杭州数询云知科技有限公司	杭州锐傲网络科技有限公司
杭州大丰文化传媒有限公司	杭州君岭科技有限公司	杭州气味王国科技有限公司
杭州水秀文化集团有限公司	宁波市法诺工业产品设计有限公司	浙江未有文化传媒有限公司
浙江厘米科技有限公司	宁波经易视觉艺术设计有限公司	宁波世纪创维文化传媒有限公司
宁波知稽文化传播有限公司	浙江嗦搭嘎传媒有限公司	宁波镇海海雄文化投资发展有限公司
宁波尚引塑胶科技有限公司	宁波锦诠科技有限公司	温州合纵连横文化发展有限公司
温州雅业文化发展有限公司	乐清深瞳文化传媒有限公司	温州 1956 文化创意产业有限公司
温州市创意设计有限公司	温州德邻文化传播有限公司	浙江红掌数字科技有限公司
温州摩羯传媒有限公司	温州几米网络科技有限公司	温州克莉丝汀文化发展有限公司
浙江华畅信息科技有限公司	苍南县圣辉文化创意有限公司	温州德纳展览有限公司
永嘉旅游投资集团有限公司	浙江鸣远科技发展有限公司	温州大邦笔墨科技有限公司
浙江韩宇光电科技有限公司	浙江友信科技服务有限公司	湖州湖滨文创发展有限公司
浙江瑞象文化发展有限公司	浙江杨艺园林工程有限公司	浙江美伦映画影视传媒有限公司
安吉天使小镇乐园有限公司	浙江利佳运动器材有限公司	浙江乌镇文化创意股份有限公司
嘉兴乾庄工艺品有限公司	浙江新合发联宾包装科技有限公司	海宁火风鼎文化传媒有限公司
嘉兴十九楼网络科技有限公司	浙江网娃动漫文化有限公司	浙江立尚文化传播有限公司
绍兴市易天文化发展有限公司	绍兴仟墨文化传播有限公司	浙江瀚腾文化传播有限公司
绍兴天石网络科技有限公司	浙江运发实业有限公司	绍兴红创文化创意有限公司
浙江天艺古建艺术文化发展有限公司	嵊州市戈亿文化创意有限公司	绍兴市耐特驱动科技有限公司

续表

浙江尤品文化传播有限公司	金华市婺窑小镇文化发展有限公司	义乌市十八腔文化传媒有限公司
浙江赢牌体育用品有限公司	舟山美橙商务创意有限公司	浙江乔恩特工业产品设计有限公司
台州市鼎强蜂窝包装股份有限公司	台州市科瑞印务有限公司	利欧聚合广告有限公司
丽水蓝火文化传媒有限公司	龙泉市兄弟广告装饰工程有限公司	丽水日报印务有限公司
龙泉市沈广隆剑铺	青田百凯通讯科技有限公司	浙江千艺文化用品有限公司
云和县奇美乐玩具有限公司	浙江欧凯车业有限公司	